Anonymer Verfasser

Geschichte und Ansichten der Stadt Ilmenau

Anonymer Verfasser

Geschichte und Ansichten der Stadt Ilmenau

ISBN/EAN: 9783743364257

Hergestellt in Europa, USA, Kanada, Australien, Japan

Cover: Foto ©ninafisch / pixelio.de

Manufactured and distributed by brebook publishing software (www.brebook.com)

Anonymer Verfasser

Geschichte und Ansichten der Stadt Ilmenau

Illenau.

Geschichte, Bau, inneres Leben, Statut, Hausordnung, Bauaufwand und finanzielle Zustände der Anstalt.

Mit Ansichten und Planen in 24 Blättern.

Herausgegeben

von der

Direction der Grossh. Heil- und Pflegeanstalt Illenau.

Karlsruhe.
Bei A. Bielefeld's Hofbuchhandlung.
1865.

Druck von Ch. Th. Groos in Karlsruhe.

Seiner Königlichen Hoheit

dem durchlauchtigsten

Grossherzog Friedrich von Baden

.

unterthänigst gewidmet

von der Direction

der Heil- und Pflege-Anstalt Illenau.

Durchlauchtigster Grossherzog,
Gnädigster Fürst und Herr!

Euere Königliche Hoheit haben gnädigst die Widmung dieser Schrift anzunehmen geruht. Die Bitte darum hatten wir gewagt, nicht blos deshalb, um der tiefen Verehrung, von welcher jeder Badener für seinen Fürsten erfüllt ist, einen Ausdruck zu geben, sondern um öffentlich Zeugniß dafür abzulegen, daß das Gedeihen der Anstalt, von welcher hier Rechenschaft gegeben wird, in dem innigsten Zusammenhang steht mit dem Wohlwollen, welches Euere Königliche Hoheit diesem Zweige des öffentlichen Wohles huldreich zugewandt haben. Es hat dieß seine Früchte getragen. Alle, welche, sei es zur Aufsichtführung, sei es zur unmittelbaren Thätigkeit an dieser Anstalt berufen waren, wurden dadurch zu freudigem Wirken aufgefordert. Mit Stolz dürfen wir auf die Stelle weisen, welche Baden in der Fürsorge für diese Kranken unter andern Ländern einnimmt.

Möge das Werk, an welchem mit Liebe gearbeitet wurde, eine gnädige Aufnahme finden!

In tiefster Ehrfurcht verharrt

Euerer Königlichen Hoheit

Illenau, den 28. April 1865.

unterthänigste, treugehorsamste
Direction der Heil- und Pflege-Anstalt Illenau.

Vorwort.

Zahlreiche Nachfragen nach den Plänen und dem Kosten-Aufwand der hiesigen Anstalt von den Orten, an welchen man mit der Errichtung ähnlicher Anstalten umgeht, riefen den ersten Gedanken der Veröffentlichung dieses Werkes hervor. Um es für Anstaltsärzte, für Verwaltungsbeamte, für Architekten und für die über diese Anstalten gesetzten Behörden auch in andern Ländern brauchbar zu machen, wurde der deutschen eine französische Beschreibung und überall ein Maßstab (10 badische Fuß = 3 Metres) beigefügt. Bis jetzt ist außer der von Parchappe in sein Werk aufgenommenen Planskizze nur der Situationsplan öffentlich erschienen. Zum Erstenmal werden hier die Grundrisse sowie die Baukosten mitgetheilt.

Sodann schien eine Bekanntmachung über eine Anstalt, welche nunmehr seit **22** Jahren besteht, am Platz zu sein.

Was seither über und aus Illenau erschienen ist, beschränkt sich auf die kleine längst vergriffene Schrift: „Illenau" und auf einzelne in Zeitschriften zerstreute Nachrichten*).

Eigentlich ärztliche Mittheilungen finden sich hier nicht, doch sind in dem Abschnitt über das innere Leben allgemeine Grundsätze über die psychische Behandlung ausgesprochen.

Eine ausführliche Statistik, welche auch über einzelne Krankheitsformen, über ursächliche Verhältnisse und Kurerfolge Nachweisungen enthält, sollte nach dem ursprünglichen Plan zugleich mit diesem Werk ausgegeben werden. Sie wird aber nun als ein besonderes Heft der Beiträge zur Statistik der innern Verwaltung des Großherzogthums erscheinen.

Die Absicht war, Thatsachen zu liefern; daß man, wo sich Gelegenheit dazu bot, hervorhob, wie viel in Baden für das Irrenwesen geschieht und gelegentlich einige Angriffe abwehrte, wird man nicht anstößig finden. Wir wollten damit weder die Unfehlbarkeit der hiesigen Zustände behaupten, noch den Werth anderer Anstalten anfechten.

Bereitwillig erkennen wir an, daß der Zweck dieser Anstalten in mehr als einer Form erreicht werden kann, daß es mehr als einen Weg gibt, der zum Ziele führt, und be-

---

*) Von den ausführlichen Beschreibungen, welche Andere geliefert haben, erwähnen wir hier nur: Falret: visite à l'établissement d'aliénés d'Illenau et considérations générales, Paris 1845. Mit einem Plan.

zeugen es gern, daß Illenau bei seiner Entstehung und seither dem Beispiele anderer Anstalten, sowie dem Rath erfahrener Kollegen Vieles zu danken hat.

Frühere Pfleglinge und deren Angehörige werden hier und namentlich in den Zeichnungen Manches finden, was sie an einen ihnen liebgewordenen Aufenthalt erinnert.

Gern erfüllen wir hier die Pflicht, den befreundeten Männern, welche uns bei Herausgabe dieses Werkes unterstützt haben — und es sind viele Kräfte in Anspruch genommen worden — aufrichtigen Dank auszusprechen.

Inhalt.

	Seite
Geschichtliches	1
Lage und Umgebung	5
Bauplan	8
Inneres Leben.	
Heilzweck	9
Größe der Anstalt, ärztlicher Dienst	10
Geistliche	12
Wirthschafts- und Bureau-Beamte	17
Verzeichniß der Beamten und Angestellten	18
Verzeichniß der abgegangenen Beamten	20
Wärterdienst	23
Verzeichniß der Wärter und niedern Bediensteten, welche über 15 Jahre im Dienste der Anstalt stehen	28
Oberaufseher	30
Besoldungs- und Gehalts-Etat für 1864	31
Haushalt	35
Feste	43
Erholung und Geselligkeit	46
Unterricht und Arbeit	49
Turnen und Exerciren	51
Beschränkung	52
Allgemeine Grundsätze der Behandlung	55
Aufnahmsverfahren	57
Kostenbeiträge und Verpflegungsklassen	58
Vorurtheile	60

	Seite
Beurlaubung, Nachricht von den Entlassenen, Unterstützung	60
Verhältniß zu den Aerzten des Landes	62
Verhältniß zu den Geistlichen	63
Lehrzweck	63
Besuche	64
Obere Leitung	66
Statistische Tabelle über die Bewegung in Illenau von 1842—1864	69
Statut	71
Fragebogen (Beilage)	91
Verordnung über die Aversalvergütungen für Verpflegung der Kranken	95
Hausordnung	97
Statistische Uebersicht über den Aufwand für den Neubau und die bauliche Unterhaltung	131
Ueber die Kosten der innern Einrichtung	133
Ueber die finanziellen Zustände	134

Geschichte, Bau und inneres Leben.

Die zwei großen Heil- und Pflegeanstalten, Illenau und Pforzheim, welche der Irrenpflege des Großherzogthums gewidmet sind, gingen aus einer gemeinschaftlichen Anstalt, dem zu Anfang dieses Jahrhunderts zu Pforzheim entstandenen Irren- und Siechenhaus hervor. In dieser Stadt war schon 1322 von Frau Markgräfin Luitgard, der Gemahlin des Markgrafen Rudolph des Jungen, ein Spital für elende und arme Sieche gestiftet worden, welches in der großen Zerstörung der Stadt durch Melac 1689 eingeäschert wurde.

Im Jahr 1714 wurde vom Markgrafen Karl die Erbauung eines Waisen- und Zuchthauses an derselben Stelle beschlossen und 1718 in seinem Beisein eingeweiht. In ein abgesondertes Gebäude wurden auch Rasende aufgenommen. Schon 1773 und 1774 wurden die Waisen großentheils in Privatverpflegung gegeben, es hat sich aber der Namen „Waisenhaus" für jene Lokalität unter den Pforzheimern bis in die neueste Zeit erhalten. Die Züchtlinge wurden 1804 in die Strafanstalten zu Mannheim und Bruchsal abgeführt und nun die Anstalt zu einem Irren- und Siechenhaus bestimmt, in welches auch die Irren aus dem Mannheimer „Tollhaus", das bis dahin ebenfalls mit dem dortigen Zuchthaus verbunden war, versetzt wurden. (Bis 1808 waren

Geschichtliches.

auch noch Korrektionäre in der Pforzheimer Anstalt, d. h. Sträflinge, welche wegen leichterer Vergehen zu drei bis sechs Monaten verurtheilt waren. 1804 ward der erste eigene Arzt für die Irrenanstalt angestellt in der Person des Irren- und Siechenhaus-Physikus J. Chr. Roller, welcher 1814 starb. Hierauf wurde Hofrath Groos dirigirender Arzt der Anstalt bis zu seiner 1836 erfolgten Pensionirung. Nach ihm wurde der Sohn des ersteren, der schon 1827 als Hülfsarzt eingetreten war, zum Direktor ernannt.

Mit dem Jahr 1804 beginnt also in Baden die Geschichte der eigentlichen Irrenpflege. 22 Jahre später erfolgte die Trennung des Irren- und Siechenhauses. Jenes ward 1826 nach Heidelberg verlegt, dieses blieb in Pforzheim zurück, also in derselben Stadt, in welcher es 500 Jahre vorher gegründet worden war, nur in einem andern, hiezu neuerbauten Hause. In dem ursprünglichen Gebäude ward nämlich 1826 ein Arbeitshaus errichtet, neben welchem aber schon nach drei Jahren wieder eine Irrenanstalt, die Filialirrenanstalt, entstand. Ihre Bevölkerung erhielt sie aus den in den Jahren 1829 und 1830 aus der Heidelberger Anstalt, in welcher es sogleich von ihrem Beginn an an Raum gebrach, nach Pforzheim zurückversetzten 60 Irren, zu denen in den folgenden Jahren aus dem übrigen Land noch andere kamen. Im Jahr 1842 ward diese Filialanstalt, deren Bevölkerung auf 130 Pfleglinge gestiegen war, aufgelöst. 46 Pfleglinge wurden in das eben eröffnete Illenau, die übrigen in die Siechenanstalt versetzt, welche jetzt wieder in das ursprüngliche Lokal neben das Arbeitshaus oder, wie es später hieß, „polizeiliche Verwahrungsanstalt" zurückverlegt und unter der Leitung des ihr seit 1826 vorstehenden, seit 1859 in ehrenvollen Ruhestand versetzten Geheime-Hofraths Dr. Müller mannichfachen Erweiterungen und Verbesserungen entgegengeführt wurde. Von dem zu seinem Nachfolger ernannten vieljährigen Illenauer Ärzte Medizinalrath Dr. Fischer*) wird das Werk fortgesetzt. Die humanen Grundsätze, welche für Illenau maßgebend waren, kommen unter seiner Direktion immer mehr zur Anwendung. Ein dem Illenauer nachgebildetes Statut war der Anstalt schon 1847 und 1854 auch dieselbe Benennung „Heil= und Pflegeanstalt" bewilligt worden, da an den Ausdruck „Siechen" in manchen Landestheilen eine unliebsame Nebenbedeutung geknüpft ist. Endlich wurde die Pforzheimer Anstalt von der lästigen und störenden Nachbarschaft der polizeilichen Verwahrungsanstalt befreit, und diese 1854 nach Kislau (1857 nach Bruchsal) verlegt und nun die ganze Lokalität der „Heil= und Pflegeanstalt" überlassen. Dadurch wurde sie ihrer hauptsächlichen Bestimmung, den Theil der Irrenpflege zu übernehmen, für welchen Illenau nicht ausreicht, näher geführt. Es wird aber diese wohlthätige Anstalt erst dann ihrem Zweck vollständig entsprechen, wenn der hochherzige Beschluß unserer Staatsregierung, statt der an wesentlichen Lokalmängeln leidenden Pforzheimer Anstalt eine neue zu errichten, zum Vollzug gekommen sein wird.

Ueberblicken wir nun, nachdem wir der Entwicklung der für das Irrenwesen in Baden so wichtigen Pforzheimer Anstalt gefolgt sind, noch den Gang, welchen die Heidelberger Irrenanstalt zu durchlaufen hatte, bevor sie in Illenau zu ihrem Abschluß kam, so läßt sich nicht verkennen, daß die Verlegung nach Heidelberg eine wohlthätige Wirkung auf die Gestaltung des Ganzen ausübte. Wenn auch die anerkennungswerthe Absicht, die Anstalt für den Lehrzweck zu benützen, nur unvollkommen erreicht wurde, so trug doch das innere Leben derselben in mancher wichtigen Beziehung Gewinn davon. Ein weiterer Vortheil war in gewissem Sinne, daß die Mängel der Heidelberger Lokalität so unverkennbar her-

---

*) Seit December 1864 zum Geheimehofrath ernannt.

vortraten, daß mit der Abhülfe nicht gezögert werden durfte, die jetzt natürlich e i n e g r ü n d l i ch e sein mußte. Außer dem Raummangel, welcher sich sogleich im ersten Beginn geltend machte, war es die durch die Lage mitten in dem belebten Heidelberg ausgeschlossene Isolirung, sodann die ungenügende Sonderung der einzelnen Abtheilungen, selbst der Geschlechter, in dem ursprünglich zu einem Jesuiten=Convikt errichteten sonst stattlichen Gebäude, und endlich der Mangel an Gärten und Feld, sogar an Wasser, wodurch eine nochmalige Verlegung gebieterisch gefordert wurde. Daher kam es, daß schon im Spätjahr 1827, also kaum 1½ Jahre nach der Verlegung und von da an wiederholt zu diesem Zweck mehrere Gebäude besichtigt wurden, zuerst die Klöster Schuttern, Schwarzach (über welche auch detaillirte Plane ausgearbeitet wurden), Thennenbach und St. Peter, 1828 sogar die früheren Anstaltsgebäude zu Pforzheim durch eine unter persönlicher Leitung des nachmaligen Ministers Winter stehende Kommission. Endlich ward auf dessen Antrag 1829, nachdem auch noch von dem Hubbad bei Bühl Einsicht genommen worden war, der N e u b a u beschlossen. 1833 wurden hierauf vollständige Baupläne und Kostenüberschläge über das Hubbad ausgearbeitet, wo freilich ein schon vorhandenes Gebäude in den Plan aufgenommen werden mußte.

So freundlich aber auch das Hubbad gelegen ist, so konnte es doch mit dem am 13. Oktober 1833 aufgefundenen Punkt bei Achern den Vergleich, welcher 1835 von einer an beide Orte abgesandten Kommission angestellt wurde, nicht bestehen. Noch in demselben Jahre entschied sich die Staatsregierung für einen Neubau bei Achern. Die Landstände bewilligten die dafür verlangten Geldmittel. Der Ankauf des Geländes (1836) wurde dadurch erleichtert, daß die Stadtgemeinde Achern, welche sich mit den einzelnen Güterbesitzern abfand, dem Staate das erforderliche Areal ursprünglich 40 Morgen, welche seither bis gegen 50 vermehrt wurden, um 400 fl. den Morgen stellte. 1837 wurde mit dem Bau begonnen. Das freundliche Zusammenwirken derer, welche zur Ausführung des schönen Unternehmens berufen waren, das Vertrauen, welches sie bei der Staatsregierung fanden, — wir glauben hier vorzugsweise die Minister Winter und v. Reizenstein, sowie den damaligen Ministerialrath Adolph v. Marschall erwähnen zu dürfen — und das rege Interesse, welches Großherzog Leopold selbst der Sache widmete, sicherten dem Werke ein glückliches Gedeihen. Unter den mancherlei Hindernissen, welche zu überwinden waren, nennen wir den Protest, welchen die beiden medizinischen Fakultäten des Landes 1837 bei den Landständen einlegten und die 1838 in übertriebener Weise geäußerte, aber gründlich beseitigte Besorgniß einer feuchten Lage. Am 9. Juni 1839 ward der Grundstein feierlich gelegt und dabei der Name „Illenau" verkündigt. Im September und Oktober 1842 (schon im Sommer waren etwa 20 arbeitsfähige Pfleglinge mit Wärtern, Werkzeugen für die Schreinerei rc., mit dem Oekonomen und dem Verwalter vorausgegangen) geschah in vier größeren, jedesmal von einem Arzte geleiteten, Transporten, denen ein fünfter kleinerer folgte, der Ueberzug von 245 Pfleglingen aus Heidelberg nach Illenau. Unter Zurechnung der 46 Pfleglinge aus der Pforzheimer Filialanstalt wurde also die neue Anstalt mit 291 Pfleglingen eröffnet.

Die Wahl des Platzes darf, nachdem sie nun über 22 Jahre erprobt ist, eine glückliche genannt werden. In der Mitte des langgedehnten Landes, in einer fruchtbaren und gesunden Gegend, am Fuß eines großartigen, in malerischen Abstufungen bis zu einer Höhe von beinahe 4000 Fuß über dem Meere sich erhebenden Gebirges, der Hornisgrinde, auf dessen vorderen Hügeln in Kastanienwäldern und Weinbergen köstliche Früchte reifen, am Eingang mehrerer reizender Thäler, aus welchen klare Bäche dem

Lage und Umgebung.

Rhein zufließen, fern von tiefen Wassern und jähen, abschüssigen Stellen, läßt Illenaus Lage keinen billigen Wunsch unbefriedigt. Die Isolirung der Anstalt, diese Grundbedingung für den Heilzweck und das Wohlbehagen der Pfleglinge ist gewahrt. Selbst in weiterer Umgebung findet sich keine störende Nachbarschaft. Aber auch für die Verbindung mit der Außenwelt ist hinreichend gesorgt. Achern, eine betriebsame kleine Stadt von 2000 Einwohnern, Sitz eines Großherzoglichen Bezirksamtes und mehrerer anderer Staatsstellen, erreicht man im Gehen von Illenau in 10, den Bahnhof in 20 Minuten. Fünf bis sechs Personenzüge gehen täglich auf der badischen Eisenbahn auf- und ebenso viele abwärts. Mit dem Schnellzug, welcher seit 1857 hier hält, gelangt man in 38 Minuten nach dem berühmten Baden, in 1¼ Stunde nach Karlsruhe, in 5 Stunden nach Frankfurt, in 4 nach Basel, und jetzt nach Vollendung der Rheinbrücke bei Kehl in einer Stunde nach Straßburg. Auf dem Bahnhof in Achern besteht eine mit dem großen Telegraphennetz in Verbindung stehende Telegraphen-Station. In der Nähe der Anstalt laden Vergnügungsorte und alte Burgen mit überraschender Fernsicht, wie das Erlen- und das Hubbad, das Brigitten- und Laufer Schloß, Kappel-Rodeck und die Windeck zu Spaziergängen ein. Einige Spazierwege, die das ganze Jahr hindurch gangbar sind, wurden von der Anstalt über ihr Gebiet hinaus angelegt. Als ein silbernes Band erscheint von den nächsten Höhen der Rhein, an welchem weithin sichtbar der Straßburger Münster emporragt. Unter den etwas weiteren Ausflügen nimmt der nach den viel besuchten Wasserfällen bei der Klosterruine Allerheiligen die erste Stelle ein. Freundliche und schattige Spaziergänge gestattet schon die nächste Nähe, namentlich die mit Ahornbäumen besetzte kleine Straße, welche Illenau mit Achern verbindet, von welcher man das herrliche Gebirg mit den verschiedenen Thaleingängen und Ruinen in einer Ausdehnung von mehr als acht Stunden übersieht; sodann das Gebiet selbst, zu welchem ein waldiger Hügel gehört. Ein anderes 20 Morgen großes Wäldchen, das nur durch einen Weg von Illenau getrennt ist, wurde in den letzten Jahren von der obersten Großherzoglichen Forstbehörde angekauft, allein zu dem Zweck, damit es nicht abgeholzt werde, wodurch der Anstalt ein unersetzlicher Schaden wäre zugefügt worden. Erhöht wurde der Werth dieses Wäldchens durch die Erlaubniß, Wege in demselben anzulegen. Es ist dadurch zu einem Park umgeschaffen, der mit seinen Ruhepunkten und der Aussicht auf die nahen Berge und die von den fernen Vogesen begränzte Ebene Gelegenheit zu den anmuthigsten Spaziergängen darbietet. Auf drei Seiten von diesem Wäldchen umschlossen und nach der vierten, den schönen Bergen, offen liegt der im Jahr 1858 von der Anstalt errichtete Friedhof so still und friedlich wie kaum ein anderer im Land. — Punkte zu den gesellschaftlichen Vereinigungen auf dem Anstaltsgebiet selbst bietet der reizend gelegene Pavillon über dem Eiskeller und eine andere mit einer Kegelbahn verbundene Anlage.

In dem nahen klaren Bach sind Flußbäder eingerichtet, für die Frauen in einem Badhäuschen, für die Männer in einem mit dichtem Gebüsch umschlossenen Bassin, sodann Wellenbäder in einem Anbau an das Brunnenhaus.

Mit gutem frischem Trinkwasser, welches auf dem Anstaltsgebiet selbst zu Tag kommt, sowie mit Wasser zu den Wannenbädern und zu ökonomischen Zwecken ist die Anstalt reichlich versorgt. Das letzte wird durch das auf Blatt XXII abgebildete Saug- und Druckwerk (1851 eingerichtet und 1857 erweitert), dem ein eigener Brunnenmeister vorsteht, in die verschiedenen Theile der Anstalt geleitet. In jedem Stockwerk befinden sich mit Hähnen geschlossene Brunnen. Durch diese Wasserleitung werden fünf große eiserne Wasserbehälter, welche zur Verhütung von

Feuergefahr auf den Speicherräumen der Anstalt angebracht sind, gefüllt.

Bauplan. Die Pläne für die Anstalt wurden von dem 1849 gestorbenen Großherzoglichen Baurath Voß, einem Sohne des Dichters Johann Heinrich Voß, und von dem Anstaltsarzt entworfen, von der Großherzoglichen Sanitätskommission und Oberbaudirektion geprüft und von der obersten Staatsbehörde genehmigt. Während der Bauzeit wohnte Baumeister Voß, sonst zu Freiburg angestellt, in dem nahen Achern. Zur Wasserleitung, zu den Weg- und Gebietsanlagen wirkten andere Techniker mit. Mehrmals in jedem Jahre kam mit ihnen während der Bauzeit der Anstaltsarzt und der leitende Ministerialrath an Ort und Stelle zusammen. Die Steine zu dem großen Bau wurden auf dem Gebiete selbst gewonnen. Es wurden nämlich durch Wallonen, welche ein Unternehmer dazu kommen ließ, Feldbrennereien angelegt und in ihnen der Lehm aus einem kleinen Hügel des Anstaltsgebiets zu Backsteinen gebrannt.

Als eine Hauptaufgabe, welche der Bauplan lösen sollte, erschien die Sonderung der einzelnen Abtheilungen unter sich und dann wieder ihre bequeme Verbindung mit den gemeinschaftlichen Raumbedürfnissen. Es wurde ein Werth darauf gelegt, daß jede Unterabtheilung ihren eigenen Wohnraum, Versammlungssaal und Garten oder Hof erhalte und dadurch gewissermaßen ein Ganzes für sich bilde, daß die Kranken in ihren Abtheilungen also, ohne sich zu berühren, bis zu einem gewissen Grad sich frei bewegen können. Zu dem Ende sind die Abtheilungen für die störenden Kranken an den beiden äußersten Seiten der langen Gebäude, die für die ruhigen der höhern Stände mehr in dem Mittelpunkt derselben angebracht. Von der gewöhnlichen Meinung, als seien die Pfleglinge einer großen Anstalt von dem Lärmen und der Unruhe der störenden Kranken mehr belästigt als in einer kleinen, wird daher eher das Gegentheil zutreffen. Näheres über Bau- und Gebiets-Einrichtungen ergibt sich aus den beigegebenen Planen.

Wie im Entwurf der Bauplane, so wurde auch in der Einrichtung des Dienstes der Heilzweck obenan gestellt und verfügt, daß die Leitung des Ganzen dem Arzt zustehe, daß alle Vorgänge von den ärztlichen Anordnungen abhängig sein müssen. *Inneres Leben. Heilzweck.*

Die Entwicklung der Irrenanstalten hat in diesem Jahrhundert zwei Perioden durchlaufen. In der ersten kamen die Forderungen der Humanität zur Geltung. Die Schreckensorte, in denen die Irren häufig mit Verbrechern zusammengesperrt waren, wurden zu freundlichen Asylen umgeschaffen. In Deutschland war es besonders der Sonnenstein bei Pirna, der hierin mit gutem Beispiel voranging. Was schon zu Ende des vorigen Jahrhunderts unter Langermann in der Baireuther Anstalt Treffliches geleistet wurde, hatte vorbereitend gewirkt. In der zweiten Periode seit 1825 traten die Grundsätze der Humanität mit denen der Heilkunde in engere Verbindung. Eigentliche Heilanstalten entstanden erst nach dem in Siegburg durch Jacobi geschaffenen Vorgang. Man wird sagen dürfen, daß auch in Illenau, wie in allen seit dieser Zeit entstandenen Irrenanstalten, beiden Rücksichten Rechnung getragen wird. Daß das Leben dort ein freundliches und geselliges geworden ist, daß viele absonderliche Vorrichtungen und Zwangsapparate, die man früher für unerläßlich erachtet hatte, verschwunden sind, daß man jetzt selbst die einfacheren Zwangsmittel seltener und statt ihrer Arbeit, Erheiterung und Freiheit als Beruhigungsmittel der Kranken anwendet, daß eine Tageseintheilung, daß Zucht und Sitte in diesen Anstalten besteht, daß man die mit den Seelenstörungen verbundenen somatischen Krankheitszustände zu erkennen und zu behandeln sucht — dieß bedarf keiner besondern Ausführung.

Illenau hat in dieser Beziehung vor andern Anstalten nichts voraus. Wie aber in jeder Anstalt ein ihr eigenthümliches Leben sich entwickelt, so auch in Illenau. Das Ziel ist dasselbe, die Mittel und Wege dazu sind verschieden.

Größe der Anstalt, ärztlicher Dienst.

Hier zeigt es sich, daß aus der Größe der Anstalt, aus welcher man schwere Vorwürfe ableiten wollte, ein großer Theil ihrer Wirksamkeit entspringt. Von selbst drängte es sich auf, daß der Arzt neben der Leitung des Ganzen, nicht auch zugleich alles Einzelne besorgen konnte und er somit für einen wichtigen Theil dessen, was der Direktor einer solchen Anstalt der Hauptsache nach sonst allein leistet, an die Hülfe von Mitarbeitern gewiesen ist. Gern sei zugestanden, daß der Arzt einer kleinen Anstalt in mehr ungetheilter Beziehung zu seinen Kranken steht, daß seine Kraft, welche in einer großen durch umfangreiche Verwaltungsgeschäfte in Anspruch genommen wird, hier dem nächsten Zweck erhalten bleibt. In Illenau dagegen sind nicht nur mehrere Aerzte thätig, wie dieß auch in anderen größeren Anstalten der Fall ist, sondern — und dieß gehört zu seinen Eigenthümlichkeiten — mehrere Aerzte, welche eine Reihe von Jahren hindurch in einem höheren Grad von Selbstständigkeit wirken, als dieß anderswo geschieht. Wenn, was Jedermann, der in Illenau bekannt ist, gern bezeugen wird, diese Aerzte für sich keine besondere Mittelpunkte bilden, wenn sie vielmehr nur einen gemeinschaftlichen kennen und jeder in der Einheit des Ganzen eine Befestigung seiner eigenen Stellung erkennt, so ergeben sich aus einer solchen Ordnung wesentliche Vortheile. Den Kranken, welche zu einer Persönlichkeit sich mehr angezogen fühlen, als zu einer andern, ist dadurch einiger Spielraum gestattet, ohne daß darum dem Hang zur Parteiung Vorschub geleistet wird. Die Aerzte selbst finden in dem täglichen Austausch ihrer Erfahrungen und Gedanken eine Erleichterung und Förderung ihrer Aufgabe. Die Anstalt ist zu keiner Zeit, auch wenn der dirigirende Arzt abwesend ist, einem unselbstständigen ärztlichen Gehülfen überlassen, was da, wo der Arzt nicht bloß die gewöhn-

lichen Arzeneien zu verordnen, sondern alle Lebensverhältnisse des
Kranken zu bestimmen hat, gewiß hoch angeschlagen werden muß.
In Illenau sind dermalen (Ende 1864) drei Aerzte mit Staatsdiener-Eigenschaft angestellt (es waren deren schon vier), nämlich
der Direktor und erste Arzt, sodann der zweite, nach dem Statut
der Stellvertreter des Direktors, Medizinalrath Dr. Hergt seit
1835*) und sodann Assistenzarzt Dr. Reich seit 1860. Vom
Ministerium ernannt sind ferner die Hülfsärzte Dr. Hasse (Mai
1860**), Dr. Schüle (Juli 1863) und Dr. von Kraft-Ebing
(Mai 1864).

Lang und segenreich haben an der Anstalt gewirkt und durch
ihren Austritt eine schmerzliche Lücke gelassen: Medizinalrath Dr.
Fischer, welcher schon 1842, noch in Heidelberg, an die Anstalt
kam und 1860 zum Direktor der Pforzheimer Anstalt ernannt
wurde, in welcher Stellung er für Illenau in ersprießlicher Weise
fortwirkt, sodann der jetzige Bezirksarzt Dr. Kast zu Ettenheim,
welcher von 1852 bis 1863 die Stelle eines Assistenzarztes der
hiesigen Anstalt bekleidete, und endlich Medizinalrath Dr. Zandt,
der schon 1845 bis 1848 Hülfsarzt war, dann die Stelle eines
Leibarztes bei Großherzog Ludwig bekleidete und 1858 in den
hiesigen Dienst zurücktrat, welchem er 1864 nach längerem Leiden
durch einen frühen Tod entrissen wurde.

Die Summe von Erfahrungen, welche sich durch ein solches
längeres Zusammensein ansammelt, die Masse von Beziehungen
zwischen ständigen Mitarbeitern und ihrem Dienst bildet eine Macht,
die man da nicht kennt, vielleicht auch nicht bedarf, wo neben dem
einen Arzt die Gehülfen immer nach wenigen Jahren wechseln.

*) Seit December 1864 zum Geheimehofrath ernannt.

**) Erhielt im December 1864 den Ruf als Director der Herzoglich
Braunschweigischen Irrenanstalt. An seine Stelle trat Dr. Kirn.

Vom Einzelnen des ärztlichen Dienstes bemerken wir nur, daß einer jeden der vier Hauptabtheilungen ein Arzt vorsteht, daß die beiden Aerzte einer Geschlechtsseite sich gegenseitig ergänzen, und daß der Direktor jede der vier Hauptabtheilungen, abgesehen von Besuchen bei einzelnen Kranken, mehreremal in der Woche besucht. In den täglichen nach dem Morgenbesuch gehaltenen Konferenzen erfährt er, was in den Abtheilungen, die er nicht besucht hat, vorgegangen ist. In diesen Konferenzen wird ferner das Kurverfahren für die einzelnen Kranken berathen und außerdem mancher allgemeine Gegenstand aus dem Gebiet der psychischen Heilkunde, wie es die Gelegenheit mit sich bringt, verhandelt, woran nicht selten Kollegen aus dem In- und Ausland sich betheiligt haben.

<small>Geistliche.</small> Für jedes der beiden christlichen Bekenntnisse (die Einwohner des Großherzogthums sind zu einem Drittel evangelisch, zu zwei Drittheilen katholisch) ist ein eigener Geistlicher angestellt, welcher in der Anstalt wohnt und so besoldet ist, daß ein häufiger Wechsel vermieden wird.

Der evangelische Pfarrer Dr. Fink, welcher bald nach Eröffnung der Anstalt den 7. Dezember 1842 in Illenau eintrat, wurde der Anstalt nach mehr als 20jährigem Wirken am 25. Juni 1863 durch einen plötzlichen Tod entrissen. Ueber die Art und Weise, wie Fink die Aufgabe eines Anstalts-Geistlichen aufgefaßt und durchgeführt hat, gibt ein mit dem Vollendeten und unserm Illenau in naher Beziehung stehender Verfasser in der Neuen Evangelischen Kirchenzeitung von Meßner Auskunft, deren Mittheilung an dieser Stelle gewiß gerechtfertigt ist:

„Manchen Platz in der Welt hätte es geben können, manche Universität oder geistliches Rathszimmer, wo Fink die Gaben seines Geistes heller und ergiebiger hätte entfalten können; die Gaben des Herzens aber konnten nirgends reicher hervortreten und wirken, als in Illenau. Und das ist ja doch zuletzt der köstlichste Weg, den man im Leben beschreiten kann, der Weg des Herzens und der Liebe. —

Es ist interessant zu bemerken, in welchem Sinne Fink die Aufgabe, die ihm in Illenau beschieden war, erfaßte. Bei der Stellung eines Geistlichen an einer Irrenanstalt scheinen uns zwei Abwege möglich. Entweder läßt sich der Geistliche von dem mechanischen Getriebe verschlingen, das zur Erhaltung der Ordnung einer großen Anstalt nothwendig, aber auch nur das äußere Gerüste ist, hinter dem sich das eigentliche Werk verbirgt. Es sind dann leicht nur die gesellschaftlichen Interessen, in deren Bewegung er sich verflechten läßt. Oder entgegengesetzt faßt der Geistliche seine Aufgabe in einer mystisch-magischen Weise, er sieht sich als Träger übernatürlicher Kräfte an, mit denen er gegen die Krankheiten der Seele, die er dann gerne nur als Einwirkungen dämonischer Mächte faßt, ankämpft. Fink vermied beide Weisen. Sein Hauptgesichtspunkt war, in der Zusammenfassung aller Bewohner Illenau's, der Gesunden, der Beamten und Diener der Anstalt, wie der Kranken eine christliche Gemeinde zu erblicken, der er nach den wesentlichen Grundsätzen zu dienen habe, wenn natürlich auch unter gegebenen Modifikationen, wie eine Christengemeinde überhaupt zu bedienen sei. Dieser Christengemeinde Prediger, Lehrer und Hirte war er; Verkündiger der ewigen Wahrheit und Liebe mitten unter aller krankhaften Störung und Verkehrtheit. Seine Predigten, kurz, schlicht, einfach und herzlich, nahmen keineswegs nur die besondern Verhältnisse des Hauses allein ins Auge; sie bewegten sich nicht in einseitiger Anwendung auf die Kranken, sondern sie waren Auslegung des göttlichen Wortes als des ewigen Lichtes und des ewigen Haltes inmitten aller Finsterniß und aller Unsicherheit dieser Erde; doch waren sie so geartet, daß sie nirgends anders als in Illenau gehalten werden konnten. Das

eigentliche Feld seiner Wirksamkeit war natürlich die Seelsorge.
Hier knüpfte er an jeden Zug des menschlich Gesunden an, den
er im Kranken noch wirkend fand; er verstand es, in Ernst und
Heiterkeit, das Gefühl der wahrhaft menschlichen Würde zu erregen und zu unterhalten; er wußte bis auf einen gewissen Punkt
auf die krankhaften Vorstellungen seiner Pfleglinge einzugehen, um
daran, ohne ein Disputiren, das nur hätte verwirren oder ver-
festigen können, das Bild der Wahrheit anzureihen. Er kannte
die wahrhaft evangelische Kunst, an das Gespräch über eben Vor-
liegendes, Gelegentliches ein Wort höchster und ernstester Wahrheit anzuknüpfen. Er übte dabei seines Heilands Weisung: „Habt
Salz bei Euch und Frieden." Hierbei eine nimmer ermüdende
Geduld, eine Alles ertragende und überwindende Sanftmuth, eine
gleichmäßige Heiterkeit und immer wiederkehrende Frische. Sein
Verhältniß zu den ärztlichen Vorstehern der Anstalt faßte er wie
ein Verhältniß mütterlicher Pflege und Unterstützung zur väter-
lichen Initiative. Er begriff sein Amt auch darin als Dienst,
als eine Diakonie, daß er niemals die ärztlich bestimmte, staatlich
überwachte Ordnung etwa im Namen geistlicher Vollmacht zu
durchkreuzen oder anzutasten sich versucht fühlte. Und gerade,
weil ein so inniges Freundschaftsband ihn mit Männern wie
Roller und Hergt verknüpfte — ein Zusammenleben, wie es
zwischen den verschiedenen Beamten einer Anstalt selten gefunden
wird — so wachte er nur um so sorgsamer, daß er nicht über
seinen Beruf hinausgriff, war aber auch eben dadurch versichert,
daß er ihn ganz ungestört vollbringen durfte. Wer Fink's und
seiner ärztlichen Freunde Wirken ansah, dem war die Controverse
undenkbar, die wir vor mehreren Jahren in Deutschland entstehen
sahen, ob das Wirken eines Geistlichen in einer Irrenanstalt heilsam und zweckgemäß sei oder nicht; eine Controverse, die vor-
wiegend aus der Furcht entsprang, es könnte der ärztliche Heil-

plan durch das Zwischentreten des geistlichen Wirkens durchkreuzt und vereitelt werden. Es mag als ein gottgefügtes Zeichen jener innigen Verbindung angesehen werden, die den Geistlichen der Anstalt mit deren ärztlichen Führern im Leben vereinigte, daß er seinen letzten Athemzug in dem Raume, der die treuen Berather der Anstalt jeden Morgen versammelte, thun durfte. — Von Fink's Arbeit in Illenau kann man sagen, daß sie einen eigenthümlichen Typus geistlichen Wirkens in einer Anstalt für Geisteskranke geschaffen habe."

An seine Stelle trat den 23. Dezember 1863 der bisherige Freiburger Stadtvikar Karl Ströbe.

Der katholische Pfarrer Guth, welcher 1852 eingetreten war, ging im August 1864 nach 12jährigem Wirken auf eine andere Pfarrei (Riegel) ab und bleibt auch nach seinem Austritt der Anstalt in treuer Anhänglichkeit verbunden. Sein Nachfolger, der bisherige Pfarrverweser zu Konstanz, Rudolph Behrle, übernahm den Dienst den 19. August 1864.

Man hat die Frage, ob Geistliche an einer Irrenanstalt mitwirken sollen, davon abhängig machen wollen, ob dadurch Irre geheilt werden können. Natürlicher erscheint es wohl, wenn man frägt, ob die Irren auch der Seelsorge bedürfen und hier wird die Entscheidung geradeso ausfallen, wie in der übrigen Welt. Deßhalb weil manche Menschen die geistliche Seelsorge für unnöthig halten, ist sie noch nicht abgeschafft worden. Gewiß ist, daß viele Pfleglinge sie schmerzlich vermissen würden und daß sie an Vielen sich heilsam erweist. Die reinsten Somatiker erkennen den Werth der psychischen Heilkunde an, verlangen, daß für Erholung und Beschäftigung gesorgt sei. Man wird darum auch die geistlichen Bedürfnisse beachten müssen. Von selbst versteht es sich, daß die Seelsorge in der Irrenanstalt den eigenthümlichen Zuständen der Kranken und jedem einzelnen Fall angepaßt sein muß, was von den für diesen Zweck eigens angestellten, ständigen Geistlichen natürlich eher erwartet werden darf, als von auswärtigen. Geistliche, welche in der Behandlung der Irren sich ohne diese Rücksichten einzig nur von den Vorschriften ihrer Kirche oder irgend einer theologischen subjektiven Auffassung bestimmen lassen wollten, würden gewiß mehr Schaden als Nutzen stiften und gegen eine solche Auffassung der geistlichen Wirksamkeit ist der Widerstand berechtigt. Die badische Regierung, welche mit anerkennungswerther Liberalität die Stellen der beiden Hausgeistlichen dotirt hat, nahm in das Statut der Anstalt*) eine Bestimmung auf, durch welche allen zweckwidrigen Bestrebungen vorgebeugt werden soll. Die fremden Aerzte, welche einen tieferen Einblick in das Illenauer Leben gewonnen haben, und deren sind nicht wenige, werden bestätigen, daß durch die dortigen Geistlichen das ärztliche Ansehen nicht geschmälert, sondern vielmehr verstärkt und daß auch durch sie der Heilzweck gefördert worden ist. Den Geistlichen kommt ferner ein großer Antheil an der Erziehung des Wärter- und gesammten Dienstpersonals zu, welchem durch sie Unterricht ertheilt wird. Belehrende und unterhaltende Vorlesungen, verschieden nach der Bildungsstufe der Pfleglinge, bilden einen weiteren Theil ihrer umfassenden Aufgabe.

Die Stelle eines Organisten in dem Gottesdienst beider Konfessionen wird von dem Musiklehrer versehen, welcher die musikalischen Kräfte unter den Pfleglingen und Angestellten sammelt und übt. Die Leistungen dieses Vereins und dessen, der sie seit 1846 leitet, sind in weiteren Kreisen bekannt. Jedem Ereigniß, das in Illenau gefeiert wird, ertheilt er die festliche Weihe.

*) §. 5. Nr. 2.

Für den wirthschaftlichen Theil, das Kassen- und Rechnungswesen der Anstalt ist ein Verwalter (Brettle seit 1854) mit Staatsdiener-Eigenschaft angestellt, unter ihm ein Rechnungs- und ein Kanzleigehülfe mit 1 bis 2 Scribenten — und ein Oekonom (Kall), derselbe, welcher schon in Heidelberg (1838) in den Dienst der Anstalt trat und im Dezember 1863 sein 25jähriges Dienstjubiläum feierte, mit dem nöthigen Hülfspersonal, von welchem unten weitere Erwähnung geschehen wird. Die Korrespondenz des Directors besorgt ein Gehülfe (der Bruder des Directors seit 1851*). Die Meisten haben Familie, wodurch der Kreis derer, mit denen die Pfleglinge in Berührung kommen können, bedeutend erweitert wird. *(Wirthschafts- und Bureau-Beamte.)*

Manchen Freunden von Illenau wird es nicht uninteressant sein, etwas über die persönlichen Verhältnisse der Beamten und höheren Angestellten zu erfahren. Dem Verzeichniß der anwesenden lassen wir das der abgegangenen folgen, denen die Illenauer ein dankbares Andenken bewahren.

*) Am 15. Februar 1865 gestorben.

Verzeichniß
der
Beamten und Angestellten bei der Großh. Heil- und Pfleganstalt Illenau im November 1864.

No.	Namen	Geburtsort	Geboren	Religion	Stelle und Titel	Dienstantritt
1	Roller, Christian	Pforzheim	11. Jan. 1802	evang.	Director, Geheimerath.	den 4. Jan. 1827 als Assistenzarzt, den 31. Dez. 1835 als Director.
2	Hergt, Karl	Tauberbischofsheim	2. Nov. 1807	kath.	Zweit. Arzt, Medicinalrath	18. Oct. 1835.
3	Reich, Hubert	Freiburg	10. Juni 1834	kath.	Assistenzarzt.	6. Jan. 1860.
4	Hasse, Paul	Celle Hannover	24. Dez. 1830	evang.	Hülfsarzt.	1. Mai 1860.
5	Schüle, Heinrich	Freiburg	24. Aug. 1840	kath.	Hülfsarzt.	4. Juli 1863
6	v. Krafft-Ebing, Richard	Mannheim	14. Aug. 1840	kath.	Hülfsarzt.	21. Mai 1864
7	Ströbe, Karl	Wertheim	13. Febr. 1837	evang.	Evang. Hausgeistlicher, Pfarrer.	23. Dez. 1863
8	Behrle, Rudolf	Herbolzheim	17. April 1826	kath.	Kathol. Hausgeistlicher, Pfarrer.	19. Aug. 1864
9	Brettle, Heinrich	Bruchsal	4. Febr. 1817	kath.	Verwalter.	18. Mai 1854

No.	Namen.	Geburtsort	Geboren	Religion.	Stelle und Titel	Dienstantritt
10	Roller, Robert	Pforzheim.	29. Dez. 1808.	evang.	Directionsgehülfe, Professor.	10. Nov. 1851.
11	Reiniger, Eduard	Kirchardt.	2. Aug. 1838.	kath.	Rechnungsgehülfe.	27. Sept. 1862.
12	Piuma, Wilhelm	Bonndorf.	7. Jan. 1813.	kath.	Actuar.	15. Mai 1849.
13	Kall, Louis	Schwetzingen.	15. Sept. 1810.	evang.	Oekonom.	16. Dez. 1838.
14	Ehinger, Fidel	Balzhofen.	28. Febr. 1819.	kath.	Musiklehrer, Organist.	1. Mai 1846.
15	Keller, Eduard	Freiburg.	8. April 1816.	kath.	Oberwärter.	9. Dez. 1838.
16	Vollmer, Basil.	Sasbachwalden.	3. Oct. 1820.	kath.	Oberwärter.	3. Mai 1845.
17	Rieger, Georg Karl	Asbach.	4. März 1816.	evang.	Hausmeister.	25. Juli 1840.
18	Weidmann, Sophie	Pforzheim.	1. Mai 1815.	evang.	Oberwärterin.	21. Aug. 1840.
19	v. Ungern-Sternberg, Elise	Karlsruhe.	22. Juli 1822.	evang.	Oberwärterin.	19. Aug. 1856.
20	Schleicher, Pauline	Landshausen.	23. Mai 1828.	kath.	Oberwärterin.	22. Nov. 1861.

2.

Verzeichniß
der in Illenau abgegangenen Beamten und Angestellten.

Nro.	Namen	Geburtsort	Geboren	Religion	Stelle und Titel	Dienstantritt.	Dienstaustritt.	Jetzige Stelle.
	1. Aerzte.							
1	Fischer, Franz, Medizinalrath.	Singen.	26. Aug. 1815.	kath.	3ter Arzt mit Staatsanstellung, Medizinalrath.	30. Juni 1842.	1. März 1860.	Director der Gr. Heil und Pflegeanstalt Pforzheim.
2	Zandt, Karl	Karlsruhe.	21. Juli 1819.	ev.	3ter Arzt mit Staatsanstellung, Medizinalrath.	1. Sept. 1845. 19. Nov. 1858.	26. Aug. 1848. 25. April 1864. †	
3	Hergt, Christian	Tauberbischofsheim.	15. Juli 1815.	kath.	Stellvertreter seines Bruders.	23. Aug. 1847.	30. April 1849.	Bezirksarzt.
4	Ill, Fridolin	Ueberlingen.	11. Jan. 1821.	kath.	Hülfsarzt.	29. März 1848.	16. Sept. 1848.	Ist nach Amerika ausgewandert.
5	Görck, Friedrich	Heidelberg.	11. Oct. 1822.	ev.	Hülfsarzt.	16. Mai 1849.	20. Mai 1851.	Bezirksarzt.
6	Feyerlin, Friedrich	Konstanz	31. Mai 1825.	kath.	Hülfsarzt.	14. Juli 1850.	21. Jan. 1853.	Badearzt in Rippoldsau.
7	Gudden, Bernhard	Cleve. Preußen	7. Juni 1824.	kath.	Hülfsarzt.	26. Juli 1851.	27. April 1855.	Director der Königl. Bairischen Irrenanstlt Werneck.
8	Kast, Hermann	Ueberlingen.	4. Nov. 1827.	kath.	Hülfsarzt zuletzt mit Staatsanstellung.	26. Jan. 1853.	30. Juni 1863.	Bezirksarzt in Ettenheim.
9	Dyckerhof Ludwig	Mannheim.	24. Jan. 1830.	ev.	Hülfsarzt.	24. Febr. 1855.	1. April 1857.	† 29. Juni 1860.
10	Flad, August	Bretten.	28. Aug. 1832.	ev.	Hülfsarzt.	21. März 1857.	10. Aug. 1857.	† 11. April 1862 zu Funchal.
11	Brauch, Max	Freiburg	6. Dez. 1832.	kath.	Hülfsarzt.	5. Juni 1857.	21. Nov. 1857.	Prakt. Arzt in Kork.

Nr.	Namen	Geburtsort	Geboren	Religion	Stelle und Titel	Dienstantritt	Dienstaustritt	Jetzige Stelle
	2. Geistliche.							
12	Fink, Ernst, Dr.	Kandern	24. Oct. 1806.	ev.	Evangel. Hausgeistlicher, Pfarrer.	7. Dez. 1842.	25. Juni 1863. †	
13	Klihr, Xaver	Offenburg.	10. Nov. 1806.	kath.	Katholisch. Hausgeistlicher.	7. Mai 1844.	15. Juni 1848.	Pfarrer in Brenden.
14	Weickum, Franz Karl	Riegelhausen.	1. Juli 1815.	kath.	ditto.	30. März 1849.	17. Aug. 1852.	Domkapitular in Freiburg.
15	Guth, Ignaz	Herbolzheim.	30. Oct. 1816.	kath.	ditto.	1. Dez. 1852.	16. Aug. 1864.	Pfarrer in Riegel.
	3. Verwalter u. Buchhalter.							
16	Schenck, Louis	Pforzheim.	13. Aug. 1788.	ev.	Verwalter.	22. Jan. 1836.	22. Mai 1854. wurde zur Ruhe gesetzt.	† 13. April 1856 in Freiburg.
17	Rettig, Ludwig	Schwetzingen.	31. Aug. 1817.	ev.	Buchhalter.	22. Juli 1841.	11. Dez. 1842.	Zuletzt Hauptzollamtskontroleur in Wertheim † 31. März 1860.
18	Ebbecke, Karl	Durlach.	22. Juli 1811.	ev.	ditto.	27. April 1843.	15. Mai 1851.	Revisor bei Großh. Verwaltungshof.
19	Hausrath, Louis	Karlsruhe.	7. Juli 1820.	ev.	ditto.	8. Mai 1851.	31. Oct. 1853.	Domänenverwalter in Emmendingen.
20	Mayer, Julius	Rastatt.	11. April 1823.	kath.	ditto.	7. Febr. 1854.	27. Sept. 1862.	Revisor bei Großh. Verwaltungshof.

Nr.	Namen	Geburtsort	Geboren	Religion	Stelle und Titel.	Dienstantritt	Dienstaustritt	Jetzige Stelle.
	4. Aufseher u. Aufseherinnen.							
21	Wiloth, Alois	Buchheim.	18. Oct. 1795.	kath.	Oberwärter.	15. Juli 1826.	9. Mai 1862. †	
22	Zimmermann, Martin	Gauangelloch	17. Febr. 1811.	ev.	Oberwärter.	27. Febr. 1838.	18. Sept. 1861. †	
23	Pietsch, Charlotte	Mainz.	1800.	ev.	Oberwärterin.	1. Dez. 1845.	30. Aug. 1846.	† verheirathet zu Straßburg.
24	Tober Horst, Emma	Hamburg.	6. Oct. 1811.	ev.	Oberwärterin.	18. Oct. 1848.	28. Febr. 1856.	Oberin in der Heilanstalt Werneck.
25	Straub, Apollonia	Heidelberg.	14. Jan. 1820.	kath.	Oberwärterin.	21. April 1843.	30. Aug. 1859.	Vorsteherin der Maria-Victoria-Stiftung in Rastatt.

Die Wärter und Wärterinnen nehmen unter den Angestellten der Anstalt eine so wichtige Stelle ein, daß man nicht irre gehen wird, wenn man nach ihrem Werth den der ganzen Anstalt bemißt. Im schönsten Bau mit den musterhaftesten Einrichtungen und geschicktesten Aerzten wird man ohne brauchbare Wärter nicht viel ausrichten. Man hat auch in Illenau diese Bedeutung des Wartpersonals und die Aufgabe, fähige Personen für diesen Dienst aufzufinden und heranzubilden, in ihrem ganzen Umfang erkannt und die Lösung angestrebt. Manches aber scheint hierin einer späteren Zeit vorbehalten zu sein. Jedenfalls ist es gut, die Schwierigkeiten, welche vorliegen, sich nicht zu verbergen. Außerordentliche Eigenschaften werden gefordert: neben leiblicher Gesundheit und Kraft geistige Fassungskraft und Gewandtheit, Muth und Ausdauer, Geduld und Hingebung, Verläugnung und Beherrschung seiner selbst, wie kaum in einem andern Beruf. Die Wärter müssen auch in der Nacht ihres schweren Dienstes warten. Abgesehen davon, daß in einzelnen Quartieren viele von ihnen durch lärmende Kranke im Schlaf gestört werden, muß das ganze Jahr hindurch auf dem Gebiet der Anstalt Nachtwache gehalten werden, müssen außer der Wartung, welche bei bettlägerigen Kranken nöthig wird, in jeder Nacht zwei Wärter und zwei Wärterinnen im Hause Wache halten. Aus welchen Kreisen sollen hiefür die Kräfte gewonnen werden?

Gewiß wird der Fortschritt, dessen man sich allenthalben rühmt, auch hier nicht ausbleiben. Die Zeit wird kommen, wo man die, welche dem Krankendienst sich widmen, nicht mehr fast ausschließlich in den untern Ständen suchen muß, wo Niemand, weß Standes er sei, diesen Dienst unter seiner Würde achten und wo man eine Vorbereitung dazu nicht nur für nothwendig halten, sondern auch die Gelegenheit dazu schaffen wird.

Wärterdienst.

Wir übersehen nicht, was durch barmherzige Schwestern und Diakonissinnen Segenreiches geschieht und sind weit entfernt, dieselben ersetzen zu wollen, aber einmal reichen sie hier nicht aus und dann passen festgegliederte religiöse Genossenschaften nicht in den Organismus solcher Anstalten, zumal nicht in die mit gemischten Konfessionen. Es kann darum nicht dankbar genug erkannt werden, was durch die hohe Protektorin des badischen Frauenvereins, unsere durchlauchtigste Großherzogin Luise, für die Bildung von Krankenwärterinnen geschehen ist und fortwährend geschieht. Längst ist es beabsichtigt, in ähnlicher Weise wie in der Pforzheimer Anstalt auch hier Mädchen, welche dem Dienst der Krankenwartung sich widmen wollen, durch ärztlichen und geistlichen Unterricht und durch allmählige Einführung in die verschiedenen Zweige dieses Dienstes auszubilden. Eine Stiftung von mehreren tausend Gulden ist an den Dienstjubiläen der zwei älteren Aerzte zu diesem Zweck gesammelt worden. Es ist zu hoffen, daß bei reicheren Mitteln das schöne Unternehmen ins Leben treten werde.

Bis jetzt sucht man in Illenau brauchbare Wärter dadurch zu erhalten, daß ein gedruckter Aufruf ausgegeben wird, worin die Eigenschaften und Bedingungen für diesen Dienst enthalten sind. Diejenigen, welche sich melden, werden mit dem Dienst an Ort und Stelle bekannt gemacht und in eine Anwartschaftsliste eingetragen, aus der in einem Erledigungsfall die passendsten ausgewählt werden. Manchen fähigen Wärter verdanken wir diesem Verfahren, freilich übersehen oft die, welche uns Bewerber zuweisen, daß außer gutem Willen und sittlicher Unbescholtenheit auch eine geistige Befähigung und Bildungsfähigkeit höheren Grades erforderlich ist. Wir haben auf diese Weise für den schweren und wichtigen Dienst — wie viele Wünsche auch noch übrig bleiben — doch manche tüchtige Kraft gewonnen und dürfen uns auf das Zeugniß der vielen auswärtigen Besucher berufen, auf welche unsere Wärter und Wärterinnen einen befriedigenden Eindruck gemacht haben.

Eine größere Zahl von Wärtern haben wir aus dem Stand der Soldaten, der in mancher Beziehung als Vorbereitung wirkt, wir sind aber nicht genöthigt, alle daraus zu nehmen. Mehrere Wärterstellen müssen mit Handwerkern besetzt werden. Genesene eignen sich nur selten für diesen Dienst. Vortheilhaft können Kranke vorübergehend zur Aushülfe in der Wartung verwendet werden.

Die Ausbildung und Erziehung der Wärter in der Anstalt selbst läßt man nach Kräften sich angelegen sein. Durch eine für Wärter und Wärterinnen vorgeschriebene Dienstkleidung sucht man dem Kleiderluxus vorzubeugen. Streng wird auf Ordnung und Zucht gehalten. An den Sonntagen gehen die Wärterinnen Nachmittags nur in Gemeinschaft und unter passender Begleitung und Abends gar nie aus, die Wärter versammeln sich an den Sonntag-Abenden in einem Saale der Anstalt. Zwischen den Wärtern und ihren Vorgesetzten besteht ein freundliches Verhältniß, wie es denen geziemt, welche gemeinsam an einem so erhabenen Berufe arbeiten.

Von den Geistlichen und Aerzten erhalten sie Unterricht, von den letzteren in der Hausordnung und der „Anweisung zum Krankenwartdienst", wovon — wie von der Dienstanweisung der Wärter — jedem ein gedrucktes Exemplar zugestellt wird.

Ansehnliche Summen werden alljährlich von der Regierung für die Wärter, welche sich hervorthun, zu Belohnungen verwilligt, wozu dann noch die Geschenke kommen, welche von wohlhabenden Kranken oder deren Familien gegeben werden und in eine gemeinschaftliche Kasse fließen. Die Geldgehalte betrugen seither bei den Wärtern im Anfang 100 fl., stiegen nach einem Jahr auf 132 fl. und nach einigen weiteren Jahren auf 170 fl. Bei den Wärterinnen stiegen sie in gleicher Weise von 60 auf 80 und auf 112 fl. Dazu kommt freie Station (Wohnung, Kost, Wäsche, Arzeneien) bei den Wärtern im Anschlag von 130 fl., bei den Wärterinnen von 118 fl., so daß der höchste Gesammtgehalt bei den Wärtern 300 fl., bei den Wärterinnen 230 fl. betrug. Verheirathete Wärter erhielten Zulage. Da aber in den letzten Jahren die Preise fast aller Lebensbedürfnisse gestiegen sind und die seitherigen Gehalte nicht mehr geeignet schienen, brauchbare Kräfte anzuziehen, so wurde von der Staatsregierung eine entsprechende Summe (über 2000 fl.) in das Budget aufgenommen und von den Ständen bewilligt. Die unten folgende Liste gibt über die seither eingetretene Erhöhung, welche besonders den verheiratheten Wärtern zu gut gekommen ist, Auskunft.

Die Annahme der Wärter geschieht provisorisch durch die Direktion; definitiv nach bestandener Probezeit durch eine vom Präsidenten des Ministeriums des Innern ausgefertigte Anstellungs-Urkunde, durch welche die Pensionsfähigkeit der Wärter ausgesprochen wird. Den zum Dienst untauglich gewordenen Wärtern und Wärterinnen kann nach 10jähriger Dienstzeit ein Drittel, nach 15jähriger die Hälfte des Normalgehaltes, welcher bei Wärtern $130 + 170 = 300$ fl., bei Wärterinnen $118 + 112 = 230$ fl. beträgt, bewilligt werden. Für die Wittwen der Wärter besteht eine Wittwenkasse.

Schon vor 19 Jahren (1845) wurde der älteste Oberwärter durch Großherzog Leopold mit einer Verdienstmedaille dekorirt, dessen sowie mehrerer andern Wärter 25jährige Dienstzeit feierlich begangen wurde. Durch alle diese Umstände soll der Wärterdienst Anziehungskraft gewinnen, dennoch wirken oft entgegen die Auswanderungslust — diese in den letzten Jahren weniger — und das Verlangen, eine eigene Existenz zu gründen, zu welcher in der Anstalt nur einer gewissen Zahl Gelegenheit gegeben ist.

Verheirathete Wärter und niedere Angestellte sind in Illenau 18, wovon 6 auf dem Gebiet der Anstalt wohnen.

Wegen dieser größeren Zahl bereits verheiratheter Wärter soll vorerst keine weitere Heirathserlaubniß ertheilt werden.

So groß aber und schmerzlich die durch den Austritt älterer und brauchbarer Wärter entstandenen Lücken sind, so fehlt es doch auch nicht an einer größeren Zahl Angestellter, die von dem leidigen Wechsel unberührt bleibt. Außer den oben Seite 18 und 19 angeführten sind es im Wärter- und Haushaltungsdienst doch folgende, welche über oder doch ganz nah an 15 Jahren im Dienst der Anstalt waren:

Verzeichniß

derjenigen Wärter und niedern Bedienſteten, welche über 15 Jahre im Dienſte der Anſtalt ſtehen.

Namen	Heimath	Geburtstag	Religion	lebig oder verheirathet	Stelle	Dienſtantritt.
Männliche:						
Dahlmeier, Hrch.	Freiburg.	15. Nov. 1805.	kath.	verh.	Werkmeiſter b. Schreinerei.	25. Juli 1832.
Jugger, Konrad	Nußloch.	11. Nov. 1809.	ev.	verh.	Badmeiſter.	23. Aug. 1839.
Roß, Georg	Gauangelloch.	2. Aug. 1814.	kath.	verh.	Werkmeiſter b. Schuſterei.	11. Febr. 1840.
Mattern, Heinrich	Odenheim.	20. April 1821.	kath.	verh.	Maurer und Tüncher,	9. April 1844.
Griesbaum, Roman	Törlinbach	1. April 1822.	kath.	verh.	Wärter,	5. Mai 1844.
Wittmer, Franz	Roth.	5. Oct. 1819.	kath.	verh.	Werkmeiſter b. Schloſſerei.	12. Sept. 1844.
Huber, Urban	Achern.	25. Mai 1817.	kath.	verh.	Thorwart.	1. Nov. 1844.
Lingenfelſer, Gg.	Flehingen.	11. Juli 1823.	kath.	verh.	Brunnenmeiſter.	4. März 1845.
Becker, Johann	Unteröwisheim.	21. Juni 1824.	ev.	verh.	Wärter.	23. März 1846.
Zimmermann, Balthaſar	Nußloch.	3. Febr. 1817.	ev.	verh.	Kanzleidiener.	28. März 1846.
Pelikan, Joſeph	Achern.	7. Sept. 1821.	kath.	verh.	Heitzer.	26. Aug. 1846.
Paulus, Konrad	Spöck.	4. Sept. 1821.	ev.	verh.	Kutſcher.	13. Juli 1847.
Köbele, Chriſtian	Lahr.	15. Febr. 1820.	ev.	led.	Wärter.	1. Sept. 1847.
Müller, Florentin	Schutterthal.	19. Nov. 1819.	kath.	led.	ditto.	15. Jan. 1848.
Volz, Sebaſtian	Gamshurſt.	22. Mai 1823.	kath.	verh.	ditto.	8. März 1848.
Baumann, Bernhard	Oberachern	19. Aug. 1822.	kath.	led.	Thorwart u. Nachtwächter.	18. Mai 1848.
Zimmermann, Johann	Gauangelloch.	14. Oct. 1817.	ev.	verh.	ditto.	5. Juni 1849.
Hirſch Andreas	Schwetzingen.	22. Sept. 1810.	ev.	verh.	Gärtner.	21. Oct. 1850.

Namen	Heimath	Geburts-tag	Religion	ledig oder verheirathet	Stelle	Dienst-antritt
Weibliche.						
Spissinger, M. Anna	Forbach.	16. April 1811.	kath.	led.	Wäscherin.	2. Dez. 1839.
Keller, Elisabeth geb. Ganzhorn	Beierthal.	1. Juli 1811.	kath.	verh.	Köchin.	24. Juni 1844 (war früh. Wär-terin, vom 1 Nov. 1835 bis 1. Jan. 1841).
Rösch, Christine	Mem-prechts-hofen.	15. April 1815.	ev.	led.	Wärterin.	3. Oct. 1844.
Kropp, Rosine	Achern.	7. Sept. 1822.	kath.	led.	ditto.	15. Nov. 1844.
Kropp, Katharine	Achern.	15. Aug. 1826.	kath.	led.	ditto.	12. Febr. 1846.
Pelikan, Karoline	Achern.	28. Jan. 1828.	kath.	led,	ditto,	26. April 1847.
Stumpf, Luise	Wimmers-bach.	11. Juli 1823.	ev.	led.	ditto.	30. Juni 1848.
Schumm, Karoline	Bauschlott.	28. Dez. 1827.	ev.	led.	ditto.	25. Aug. 1848.
Siefert, Cäcilie	Strohbach.	1. Juni 1827.	kath.	led.	ditto.	9. Mai 1849.
Schell, Therese	Gamsburst.	26. Jan. 1830.	kath.	led.	ditto.	1. Juli 1850.
Tertor, M. Anna	Langen-winkel.	7. Sept. 1823.	ev.	led.	ditto.	2. Juli 1850.

<small>Ober-
aufseher.</small> Die nächsten Vorgesetzten der Wärter und Wärterinnen sind die Oberwärter und Oberwärterinnen. Ihnen ist die unmittelbare Leitung der ihnen überwiesenen Abtheilung, ist die Einwirkung auf die einzelnen Pfleglinge, der Vollzug der ärztlichen Verordnungen, die zunächst in ihre Hand gelegte Bildung der Wärter und ein Theil der umfangreichen Wirthschaft überwiesen. Rechnet man hinzu, daß sie es sind, an welche die Pfleglinge, zumal die aus höheren Ständen, so viele Wünsche richten, so wird es keiner weiteren Ausführung für die Bedeutung dieser Posten bedürfen. Hier noch weniger als bei den Wärterstellen wird künftig Jemand aus Standesrücksichten sich hievon ausschließen. Erfreuliche Anzeichen dieser Art sind schon jetzt bemerklich. In Illenau gesellte sich den beiden Oberaufseherinnen, von denen die eine 1840, die andere 1843 eingetreten war, im Jahr 1856 eine dritte bei, zu derselben Zeit als ihre Schwester zur Hofdame bei unserer durchlauchtigsten Großherzogin Luise ernannt wurde. — Sie war die Nachfolgerin einer Oberaufseherin, welche sechs Jahre lang ohne Gehalt der Anstalt ihre Kraft gewidmet hatte. Von jenen beiden älteren Oberaufseherinnen ist die jüngere nach 18jährigem treuen Wirken 1859 zu einem andern Posten berufen und ihre Stelle 1861 durch eine Verwandte des zweiten Arztes ersetzt worden.

Die beiden Oberwärter, früher dem Militär angehörig, und aus den Reihen der Wärter hervorgegangen, standen seit 1826 und 1838 im Dienst. Der erste, dessen Dekoration oben erwähnt wurde, ist 1862, der andere 1861 durch den Tod abgerufen worden.

Einen Ueberblick über sämmtliche Angestellte nach dem Stand am Schlusse des Jahres 1864, sowie über die von ihnen bezogenen Gehalte gewährt folgendes Verzeichniß:

Grossh. Heil- und Pflege-Anstalt Illenau.

Besoldungs- und Gehalts-Etat
für 1864.

	Anschlag für			Baar-Gehalt	Summa
	Kost	Wohnung	Holz, Licht, Wäsche, Arznei		
1 Director	—	300	—	4200	4500
1 zweiter Arzt	—	200	—	2200	2400
1 Assistenz-Arzt	130	35	35	1000	1200
3 Hülfs-Aerzte und zwar:					
1 zu	—	60	—	1040	1100
2 zu (für Kost 130 fl., für Wohnung 35 fl., für Emolumente 35 fl., und baar 500 fl.) .	260	70	70	1000	1400
1 evangelischer Hausgeistlicher .	—	—	—	1200	1200
1 katholischer Hausgeistlicher . .	—	—	—	1200	1200
1 Musiklehrer zugleich Organist .	—	—	—	800	800
1 Verwalter	—	80	—	1620	1700
1 Directionsgehülfe	—	—	—	700	700
1 Rechnungsgehülfe	130	35	35	500	700
1 Kanzleigehülfe	—	—	—	700	700
1 Scribent	—	—	—	400	400
1 Oekonom	—	—	—	1000	1000
2 Oberwärter					
1 zu	90	—	—	470	560
1 zu	90	35	35	390	550
1 Hausmeister	90	—	—	490	580
3 Oberwärterinnen					
1 zu	73	35	35	300	443

	Anschlag für				Summa
	Kost	Wohnung	Holz, Licht, Wäsche, Arznei	Baar-Gehalt	
1 zu	73	35	35	250	393
1 zu	73	35	35	199	342
28 Wärter und zwar:					
3 zu (für Kost 72 fl., baar 408 fl.) = 480 fl.	216	—	—	1224	1440
1 zu (für Kost 72 fl., baar 358 fl.) = 430 fl.	72	—	—	358	430
1 zu (für Kost 72 fl., Wohnung und Emolumente 58 fl., baar 200 fl.) = 330 fl. . . .	72	29	29	200	330
12 zu (für Kost 72 fl., Wohnung und Emolumente 58 fl., baar 180 fl.) = 310 fl. . . .	864	348	348	2160	3720
11 zu (für Kost 72 fl., Wohnung und Emolumente 58 fl., baar 140 fl.) = 270 fl. . . .	792	319	319	1540	2970
7 Privatwärter und zwar:					
3 zu (für Kost 72 fl., Wohnung und Emolumente 58 fl., baar 110 fl.) = 240 fl. . . .	216	87	87	330	720
4 zu (für Kost 72 fl., Wohnung und Emolumente 58 fl., baar 100 fl.) = 230 fl. . . .	288	116	116	400	920
24 Wärterinnen und zwar:					
4 zu (für Kost 60 fl., Wohnung und Emolumente 58 fl., baar 140 fl.) = 258 fl. . . .	240	116	116	560	1032

	Anschlag für				
	Kost	Wohnung	Holz, Licht, Wäsche, Arznei	Baar-Gehalt	Summa
17 zu (für Kost 60 fl., Wohnung u. Emol. 58 fl. baar 120 fl.) = 238 fl.	1020	493	493	2040	4046
3 zu (für Kost 60 fl., Wohnung und Emol. 58 fl., baar 112 fl.) = 230 fl.	180	87	87	336	690
26 Privatwärterinnen und zwar:					
3 zu (für Kost 60 fl., Wohnung und Emol. 58 fl. baar 112 fl.) = 238 fl.	180	87	87	336	690
6 zu (für Kost 60 fl., Wohnung und Emolumente 58 fl., baar 100 fl.) = 218 fl.	360	174	174	600	1308
6 zu (für Kost 60 fl., Wohnung und Emolumente 58 fl., baar 70 fl.) = 188 fl.	360	174	174	420	1128
11 zu (für Kost 60 fl., Wohnung und Emolumente 58 fl., baar 60 fl.) = 178 fl.	660	319	319	660	1958
6 Werkmeister und zwar:					
1 der Schreinerei	—	29	29	472	530
1 „ Schusterei	—	29	29	380	438
1 „ Maurerei u. Tüncherei	—	29	29	380	438
1 „ Schlosserei	—	29	29	400	458
1 „ Schneiderei	72	29	29	132	262
1 „ Buchbinderei	72	29	29	100	230
1 Heitzer	72	—	—	368	440
1 Brunnenmeister	—	29	29	362	420
1 Gärtner	—	—	—	500	500
1 Kanzleidiener	72	—	—	368	440

	Anschlag für				Summa
	Kost	Wohnung	Holz, Licht, Wäsche, Arznei	Baar-Gehalt	
2 Thorwarte (für Kost 72 fl., baar 368 fl.) = 440 fl.	144	—	—	736	880
1 Gebietsnachtwächter	72	29	29	190	320
1 Kutscher	72	—	—	328	400
1 Melker	—	29	29	150	208
1 Stallknecht (für Pferde)	—	29	29	70	128
1 Stallknecht (für Rindvieh)	—	29	29	70	128
1 Köchin	—	—	—	250	250
2 Küchenmädchen (für Emolum. und Wohnung 58 fl., baar 100 fl.) = 158 fl.	—	58	58	200	316
2 Küchenmädchen (für Emolum. und Wohnung 58 fl., baar 70 fl.) = 128 fl.	—	58	58	140	256
2 Küchenmädchen (für Emolum. und Wohnung 58 fl., baar 60 fl.) = 118 fl.	—	58	58	120	236
1 Metzger	—	29	29	150	208
1 Weißzeugbeschließerin	60	—	—	240	300
1 Waschgehülfin	60	29	29	112	230
8 Waschmägde (für Kost 60 fl., Wohnung und Emol. 58 fl., baar 80 fl.) = 198 fl.	480	232	232	640	1584
1 Bäcker	72	29	29	170	300
1 Bäcker	72	29	29	132	262
1 Schreinereigehülfe	72	29	29	130	260
1 Schustergehülfe	72	29	29	108	238
1 Maurer und Tüncher	73	fl.24.10	fl.24.10	134. 10	255. 30
1 Gärtnergehülfe	72	29	29	73	203

Der Werth und die Wichtigkeit des Haushaltes wurde, Haushalt. wie überall in diesen Anstalten, früher anerkannt als der Heilzweck. Die Verbesserung der Krankenhäuser und Irrenanstalten hat damit begonnen, daß man den Zweck, den man über den Mitteln dazu übersehen hatte, in seine Rechte einsetzte und ihm die ökonomischen Vorgänge dienstbar machte. Daraus folgte jedoch keineswegs, daß man dieselben geringschätzte. Im Gegentheil, je mehr die Bedeutung der vorliegenden Aufgabe zum Bewußtsein kam, um so aufmerksamer wurde man auf Alles, was zu ihrer Lösung führen konnte. Seit in diesen Anstalten der Heilzweck durch die Aerzte vertreten wurde, erlitt auch der wirthschaftliche Theil eine heilsame Reform. Gründe dafür lagen genug vor.

Von der Güte und bequemen Benützung der zum Leben gehörigen Bedürfnisse ist das Wohlbehagen der Pfleglinge und zu einem großen Theil der Heilzweck selbst abhängig. Sodann wird durch die Herbeischaffung und Bereitung dieser Bedürfnisse manche nützliche Beschäftigung gewonnen, und endlich ist die Staatskasse und der Einzelne bei den Preisen derselben sehr betheiligt.

Dem umfangreichen Geschäft der Reinigung der Wäsche steht eine Weißzeugbeschließerin vor. Sie hat mit den hiezu angenommenen Waschmädchen das Waschen und Bügeln zu besorgen. Ueber die Einrichtungen zum Waschen geben die Plane Auskunft.

Zum Schnelltrocknen der Wäsche, welches früher durch Dampfheizung aber nur unvollkommen zu Stande kam, ist 1862 an der im Plan VI Nr. 11 bezeichneten Stelle ein Calorifere gesetzt worden, durch welchen die Wärme der Trockenkammer auf 33 bis 35 Grad R. gebracht wird.

Die Ausstattung der Zimmer ist nach den verschiedenen Verpflegungsklassen verschieden (§§ 101 bis 105 der Hausordnung). Mehr und mehr wird dafür gesorgt, daß die Kranken der höheren Stände die gewohnten Bequemlichkeiten finden. Als ein

3.

Reichthum der Illenauer Anstalt darf angeführt werden, daß allen Kranken, mit wenigen Ausnahmen, Roßhaarmatratzen gegeben werden, sogar auch vielen Unreinlichen sogenannte dreitheilige, bei welchen immer nur das Mittelstück entfernt zu werden braucht. Außerdem wurden in neuerer Zeit eine größere Anzahl von Betten mit sogenannten Rosten (Stahlfedermatrazen) versehen, was zur Beförderung der Reinlichkeit wesentlich beiträgt. In den Bettstellen für die Unreinlichen bildet der Boden eine nach der Mitte geneigte Fläche. Durch eine darin angebrachte Oeffnung fließt der Urin in eine Schieblade, aus welcher er entfernt wird; der Boden der Bettlade so wie die Schieblade ist mit Zink ausgeschlagen.

Die männlichen Kranken der arbeitenden Klasse haben als Bettdecken wollene Teppiche, im Sommer einen, im Winter zwei, welche gewaschen und in einer im Brunnenhaus befindlichen Vorrichtung gewalkt werden.

Die Bereitung der Kost war bis zum Jahr 1838 in der Heidelberger Irrenanstalt, wie fast überall in Deutschland, verpachtet, d. h. sie wurde in öffentlicher Steigerung dem Wenigstnehmenden für ein, später für drei Jahre zugeschlagen. Kaum begreift man jetzt, wie viele Mühe die Beseitigung dieses Verfahrens gekostet hat, und wie es gar in neuester Zeit anderswo wieder empfohlen werden konnte. Nur da, wo auf eigene Rechnung die Kost bereitet wird, kann sie den Forderungen für die Gesundheit vollständig entsprechen. Hierauf ist in Illenau, wo übrigens das alte System der Kostverpachtung eine Unmöglichkeit wäre, fortwährend die Aufmerksamkeit gerichtet. Schwer verdauliche Speisen, wie Hülsenfrüchte, Schweinefleisch ꝛc. kommen nicht oder nur selten auf den Speisezettel, der gewöhnlich für eine Woche entworfen und den Aerzten vorgelegt wird. Für die Kranken, deren Zustand Extraverordnungen nöthig macht, werden von den Aerzten besondere Speisezettel in die Küche gegeben.

Ueber die der Anstalt Hanwell (Middlesex) entnommene Dampfkocheinrichtung, die sich in Illenau vollständig bewährt hat, geben die Pläne Auskunft. Zum Heizen der Dampfkessel, in denen auch die für das Waschgeschäft erforderlichen Dämpfe bereitet werden, ist ein eigener Heizer angestellt. — Die einzelnen Kostarten sind in der Hausordnung §§ 130—135 vorgeschrieben. In manchen Zeiten waren es — Pfleglinge und Angestellte zusammen — schon gegen 600 Menschen, welche aus der Anstaltsküche gespeiset wurden. Es darf gesagt werden, daß trotz dieser großen Zahl die Sorge für die Einzelnen nicht nothleidet. Besorgt wird das Kochgeschäft durch eine Köchin und sechs Küchenmädchen, wovon die eine Aufsicht in der Gemüsestube führt.

Einen Antheil bei der Leitung hat die Schwester des Directors übernommen.

Eine eigene Bäckerei, welcher ein Bäcker mit einem Gehülfen vorsteht, wurde bald nach dem Bezug der Illenauer Anstalt eingerichtet. Sie liefert alles Brod, dessen die Pfleglinge wie die Angestellten bedürfen. Die Anstalt erfreut sich dadurch einer größeren Unabhängigkeit und einer guten Waare, wie dies namentlich in Zeiten von Theuerung schwerlich bei dem Brodbezug von außen der Fall sein würde.

Milch erhält die Anstalt von eigenen Kühen, deren etwa 20 gehalten werden. Für den Stall ist ein Melker mit zwei Stallknechten, deren einer das Fuhrwerk zu besorgen hat, angenommen.

Im Jahr 1858 wurde eine erhebliche bauliche Verbesserung des Kuhstalls vorgenommen. Von den Abfällen beim Essen werden Schweine gemästet, die theils für das Dienstpersonal, weniger für die Pfleglinge geschlachtet, theils vortheilhaft verkauft werden. Ein großer Hühnerhof versorgt die Küche mit Eiern.

Für Spazierfahrten werden Wagen, Pferde und Kutscher gehalten, was sich als unabweisliches Bedürfniß herausgestellt hat.

Die Anstalt hat vier Pferde, von denen zwei vorzugsweise für die Oekonomie verwendet werden*).

Die Anstaltsgebäude sind von Gärten und Feld umgeben, wodurch nicht blos die Isolirung von der Außenwelt erreicht, sondern auch zur Beschäftigung der Pfleglinge — der besten die es gibt — eine viel willkommene Gelegenheit dargeboten ist. Mit Rücksicht hierauf wird der jährliche Kulturplan entworfen. Den zur Feld- und Gartenarbeit verwendeten Pfleglingen sind Wärter zur Aufsicht beigegeben. Mit dem Gemüsegarten sind Frühbeete verbunden. Ebendaselbst befindet sich zum Ueberwintern der Blumen und Topfpflanzen ein Gewächshaus. — Ein eigener Gärtner leitet die zahlreichen hier vorkommenden Arbeiten. Ein großer Theil von Gemüsen und Früchten aller Art wird auf dem Gebiet der Anstalt gewonnen, das Uebrige auf dem Wochenmarkt zu Achern und aus der fruchtbaren Umgegend, feinere Gemüse auch aus Straßburg und anderswoher bezogen.

Inneres Leben. Reste.
Von dem inneren Leben dieser Anstalten, zu dessen Darstellung wir uns jetzt wenden, war, so wie es jetzt sich gestaltet hat, vor wenig Jahrzehnden noch keine Spur oder vielmehr das gerade Gegentheil vorhanden. Wir dürfen nicht erwarten, daß durch die Kunst eine Scene daraus so charakteristisch wiedergegeben werde, als dieß durch Kaulbach in seiner schauerlichen Gruppe aus dem Leben der alten Tollhäuser geschehen ist. Es möge darum statt weitläufiger Schilderungen über den in diesen Anstalten herrschenden

---

*) Es wird Verwunderung erregen, daß in einem — man darf es wohl sagen — so reich ausgestatteten Haushalt eine Einrichtung fehlt, welche in einem Krankenhause doch vor Werkstätten und Bäckerei vorhanden sein sollte. Illenau besitzt nämlich keine eigene Apotheke, sondern nur eine Hausapotheke. Die Arzneien müssen aus der eine Viertelstunde entfernten Apotheke der Stadt Achern geholt werden. Es ist Aussicht vorhanden, daß diesem allerdings empfindlichen Mangel in nicht allzuferner Zeit abgeholfen sein wird.

Geist ein Blick auf die Feste gestattet sein, die in ihnen gefeiert werden. Wir führen damit dem Leser die schönsten Blüthen vor Augen, die jenes innere Leben getrieben hat. Zu solchen Festen gestaltet sich bald ein Jahres- oder Gedenktag, bald eine einmalige äußere Veranlassung.

Den 19. Februar 1843 hatte von evangelischer Seite die Einweihung der Kirche durch Dekan Dieffenbach von Freistett statt. Die Predigt hielt Pfarrer Dr. Fink über Ap.Gesch. 4, 31. Es wurden an diesem Tage die Sakramente der Taufe (an einem Kind des Directors) und des Abendmahls gespendet. Viele Geistliche aus nah und fern betheiligten sich dabei. Viele Zuhörer waren herbeigekommen. Dem Gottesdienst folgte ein frohes Mahl im großen Saal, in welchem bis dahin der Gottesdienst gehalten worden war. — 1847 war mit der Uebergabe der gedruckten Hausordnung und Dienstanweisung an die Wärter eine kirchliche Feier und ein darauf folgendes heiteres Mahl verbunden, an welchem alle Bewohner der Anstalt, Pfleglinge wie Angestellte, zahlreich vertreten waren, und bei dem ein genesender Kranker, der seither schon längst in gesegneter geistlicher Wirksamkeit steht, eine Tischrede hielt, durch welche alle Zuhörer tief bewegt worden sind.

Sechs von den Angestellten haben ihre fünfundzwanzigjährige Dienstzeit gefeiert, was jedesmal von ihren Mitarbeitern zu einem freundlichen Feste erhoben wurde. Eines derselben ward Gegenstand einer besonderen Beschreibung*). — Ein anderes (das des Medizinalraths Dr. Hergt) reihete sich jenem am 18. October 1860 an. Beiden ward eine über die Gränze der Anstalt sich erstreckende Theilnahme erwiesen. — Die Bedeutung dieser über den einzelnen Tag und die einzelne Person

---

*) „Das Jubelfest in Illenau am 4. Januar 1852 zur Feier des Dienstantritts des Directors Roller 1853." In Illenau zu haben um 30 kr. Der Ertrag ist für die Wärterschule bestimmt.

hinausreichenden Feste liegt nicht allein in der dem Gefeierten dargebrachten freundlichen und liebevollen Gesinnung, sondern vielmehr in dem alle Bewohner durchdringenden Geist der Gemeinschaft, dessen sie sich bei solchen Veranlassungen in erhebender Weise bewußt werden.

Wie früher am 29. August so wird jetzt am 9. September das Geburtsfest des Landesherrn von den Illenauern, wie von allen Badenern in jedem Jahr als ein frohem Dankgefühle geweihter Tag begangen, am Vorabend gewöhnlich mit einem Concert, an dessen Schluß alle Zuhörer in das „Heil, unserm Fürsten Heil" freudig einstimmen, am Festtag selbst durch eine allen Pfleglingen gereichte Erfrischung und heitere Gesänge. In gleicher Weise und gewiß so herzlich als irgendwo im Land wird das Geburtsfest der allverehrten Großherzogin Luise begangen, welche wie allen Wohlthätigkeits-Anstalten so auch der Illenauer ihre Huld und Theilnahme zuwendet.

Ausführlicher glauben wir hier des 22. Juli 1854 gedenken zu dürfen, an welchem Tag unser durchlauchtigster Großherzog, damaliger Prinz und Regent, unser Illenau mit einem Besuche beglückte. Der vielgeliebte Fürst kehrte an diesem Tage aus den oberen Landestheilen zurück, wo ihm überall ein begeisterter Empfang geworden war. Illenau, welches den Schluß der Reise bildete, wollte nicht zurückbleiben.

Wußten es doch die Illenauer, daß die Anstalt überall, wo sich eine Gelegenheit darbot, der wärmsten Theilnahme und der erfolgreichsten Fürsorge des theuern Regenten sich erfreuen durfte.

An Großartigkeit der Zurüstungen konnte Illenau mit Städten freilich nicht wetteifern, es wollte auch den ihm zukommenden ernsten einfachen Charakter nicht verläugnen, sondern hoffte in der friedlichen und freien Bewegung, deren sich jetzt auch die Bewohner dieser Stätte erfreuen, das Wohlgefallen des Regenten zu erhalten, und nie ist eine Hoffnung schöner in Erfüllung gegangen. Der Schmuck der Häuser und Pforten mit Tannengrün und Blumengewinden, die Fahnen und Wimpel mit den Farben des Landes, die allenthalben in der klaren Luft des schönsten Julitages flaggten, die zahlreichen Inschriften, aus denen Liebe und Verehrung sprach, drückten nur äußerlich aus, was jedes Herz empfand. Alle harrten des Augenblicks, da sie dem Ersehnten ein freudiges Willkommen entgegen bringen durften. Und freudig drang es aus den Herzen und Kehlen der Hunderte, welche im großen mittleren Hof versammelt waren. Es war ein ergreifender Moment, als der edle Fürst durch die dichten Reihen schreitend von Kranken sich umgeben sah und von ihnen denselben Jubel vernahm wie von seinen andern Unterthanen. Und als er, soweit es die flüchtige Stunde gestattete, durch die Räume des großen Hauses gieng und mit einzelnen Pfleglingen in freundliche Unterredung sich einließ, da schien er von der freien Bewegung, die hier waltet, wohlthätig berührt. Eine ihm dargebotene Zeichnung der Anstalt und ihrer reizenden Umgebung sowie die herzliche Anrede eines Pfleglings aus der arbeitenden Klasse nahm er huldreich an. Wie gegen die Pfleglinge, so zeigte sich auch gegen die Angestellten und deren Angehörige, die ihm gleichfalls einzeln vorgestellt werden durften, Großherzog Friedrich als ein gütiger Herr, der durch seinen milden Ernst alle Herzen gewinnt. Der große Saal, in welchem bei den Tönen der Hauskapelle schon manches schöne Fest gefeiert wurde, war mit Laub gewunden und den Büsten Leopolds und Friedrichs geschmückt. Hier durfte der Sängerchor seine Huldigung darbringen. In ein freudiges Hoch kleidete sich der Dank der Illenauer beim Abschied und gewiß kam der Wunsch, der auf der Rückseite der Ehrenpforte dem scheidenden Fürsten sichtbar wurde: „Dich begleit' auf Deinen Wegen unser Dank und Gottes Segen." aus aufrichtigen Herzen.

Einige Jahre später ward die Anstalt durch Ihre Majestät die jetzige Königin von Preußen besucht. Es war am 30. September 1858, ihrem Geburtsfeste, als die hohe Frau die Anstalt einer eingehenden Besichtigung unterwarf und allen auch den schwerer Erkrankten, sich freundlich näherte.

Von fürstlichen Besuchen, deren die Anstalt schon früher sich erfreuen durfte, erwähnen wir die des Fürsten und der Fürstin von Fürstenberg, sodann der Fürstin Josephine von Hohenzollern-Sigmaringen, welche mit der Prinzessin Elisabeth, und dem Prinzen Max von Fürstenberg und dem Prinzen Karl von Hohenlohe in Illenau war, ferner den Besuch des Prinzen Peter von Oldenburg, sodann den der Landgräfin von Hessen-Philippsthal und endlich im Jahr 1864 den des Fürsten Karl Anton von Hohenzollern-Sigmaringen, des Fürsten Chlodwig zu Hohenlohe-Schillingfürst und des Markgrafen Max von Baden.

Ein in jedem Jahre wiederkehrendes Fest wird um Weihnacht gefeiert. Wie jede Anstalt ihre Lieblingsfeste hat, so ist in Illenau die schöne Sitte der Christbescherung, welche an das nach langer trüber Nacht erschienene Licht mahnt, heimisch geworden und hat in stufenweiser Ausbildung an Ausdehnung und Freundlichkeit gewonnen. Es ist aber auch ein erhebender Anblick, wenn an dem heiligen Christabend nach dem Gottesdienst, die Flügelthüren des großen Saales sich öffnen und den Eintretenden vier große Christbäume entgegen leuchten, welche, reich geschmückt mit hunderten von Wachskerzen und goldenen Nüssen, als Kronleuchter von der Decke herabhängen. In freudigem Staunen stehen dort die Pfleglinge um die weißgedeckten Tische und die mannigfachen Gaben. Im Hintergrund des Saales lockt Bethlehem mit der Krippe die Zuschauer. Dazwischen ertönen aus dem Munde von Erwachsenen und einer frohen Kinderschaar Weihnachtsgesänge. Und dieß Alles gestaltet sich ohne mühsame Zubereitung, sichtbar ist nur die Ueberraschung und die Freude, die aus manchem von Gram und Schmerz durchfurchten Antlitz spricht. Es erinnern die Vorbereitungen an des Dichters Wort: „Viele fleiß'ge Hände regen, helfen sich im muntern Bund und im freudigen Bewegen werden alle Kräfte kund."

Unter der Anleitung der Oberaufseherinnen beginnen weibliche Pfleglinge schon bald nach Neujahr zahlreiche Näh- und Stickarbeiten. Mancherlei Beiträge werden von den Werkstätten der Schreiner, Dreher, Buchbinder, Sattler und Schuster geliefert. Andere Kräfte sind für die Ausschmückung des Saales thätig. Die Christbäume werden geputzt, die Zettel, auf deren jedem ein passender Spruch steht, mit dem Namen der Beschenkten beschrieben, der Musiklehrer übt Lieder ein. Wenn die Zeit der Bescheerung gekommen ist, so ist Alles für Alle bereit. Jeder Pflegling, jeder Angestellte findet seine Gabe. Ein eigenes Programm setzt die Ordnung fest. Nach der Verschiedenheit der Stände und des Geschlechts wird die Bescheerung in mehreren Abtheilungen an zwei Abenden gehalten. Den Kranken, deren Zustand die Theilnahme an der allgemeinen Bescheerung verbietet, wird der leuchtende Christbaum in ihr Quartier, in ihre Zelle getragen, und gerade hier bringt er oft die größte Wirkung hervor. Von vielen Seiten werden Beiträge gesteuert. Von außen kommen reiche Gaben von den Familien, welche Angehörige in der Anstalt haben, oder von solchen, welche ihr früher selbst angehört haben, auch von ungenannter und doch bekannter Hand. Edle Wohlthäter spenden Beiträge für die Armen, wodurch in Verbindung mit der von der Regierung freundlich bewilligten Summe dem Feste eine größere Ausdehnung gegeben und auch an die Schwesteranstalt in Pforzheim gedacht werden kann.

Nochmals wird am zweiten Christtag einer der Christbäume im großen Saal angezündet und armen Kindern aus den benachbarten Orten bescheert, welche zur großen Freude der Illenauer ihre Gaben — jedes Kind erhält einen Anzug — und alle die Herrlichkeit anstaunen, die sich hier vor ihnen aufthut. Gestiftet wurde diese Bescheerung von einer den Illenauern nah verbundenen Freundin aus Holland. Wohlhabende Pfleglinge liefern die Beiträge.

Ein Fest seltener Art wurde in Illenau am 21. September 1858 gefeiert. In das Programm der in Karlsruhe tagenden Naturforscher-Versammlung wurde der Besuch Illenaus aufgenommen, und wie damals in uns selbst, so mögen wohl in Manchem, der es las, Zweifel aufgestiegen sein, wie ein so zahlreicher Besuch mit der diesen Kranken schuldigen Rücksichten zu vereinbaren sein werde. Der Erfolg zeigte, daß diese Aufgabe glücklich gelöst wurde. Mit einem Extrazug kamen die Gäste, etwa 100 an der Zahl, darunter mehrere Frauen, um Mittag jenes Tages an. Ihrer wartete schon am Bahnhof durch die Bezirks- und Ortsbehörden des festlich geschmückten Acherns und sodann in Illenau selbst ein feierlicher Empfang. Unter den Klängen der Illenauer Harmonie-Musik betraten sie den großen Saal, geführt von dem zweiten Geschäftsführer Medizinalrath Dr. Bolz. Wie dieser in einer Ansprache die Gäste vorstellte, so hieß der Director sie willkommen, beide an das Band erinnernd, welches die psychische Medizin mit der ärztlichen Naturforschung verknüpft. Den Gesängen des Illenauer Liederchors folgte die Vertheilung einer kleinen Festgabe mit statistischen Nachweisungen. Nun begann der Durchgang der Männer durch die Anstalt in fünf verschiedenen Abtheilungen, jede von einem Arzte geführt, die der Frauen von den Oberaufseherinnen und Beamtenfrauen. Es war die Vorkehrung getroffen, daß einzelne Quartiere nicht betreten wurden, aus andern aber die Pfleglinge zuvor entfernt, z. B. nach dem Garten gebracht waren, so daß ihnen die

Fremden nicht begegnen konnten, während diesen alle Einrichtungen des Hauses gezeigt wurden. Nach beendigtem Durchgang fanden sich Alle wieder auf einem zum Anstaltsgebiet gehörigen Hügel, dem Eiskeller, über welchem ein Pavillon errichtet ist, zusammen. Hier, wo man die freundlichen Berge überblickt, die an diesem Tag in der Pracht einer milden Herbstsonne erglänzten, standen mit Erfrischungen besetzte Tische und Bänke bereit. Hier hatten sich auch mit den Illenauer Angestellten und deren Familien Pfleglinge aus den höheren Ständen eingefunden und verbrachten mit den willkommenen Gästen heitere Stunden. Hier mischte die Illenauer Musik in die fröhliche Unterhaltung sich ein, die nur hie und da durch einen laut gesprochenen Gruß unterbrochen wurde, deren einer dem Freunde Zeller aus Winnenthal galt, der vor Kurzem sein 25jähriges Dienst-Jubiläum gefeiert hatte. — Noch ehe die Sonne sich geneigt hatte, bewegte sich die Gesellschaft über das Gebiet der Anstalt nach den Badanstalten, die an dem nahe vorbeifließenden Bache errichtet sind. Darauf folgte das Abendessen, welches in zwei Gasthöfen des nahen Achern bestellt war und durch manchen heitern Trinkspruch gewürzt wurde. Die Gäste nahmen — wie wir nachher von mancher Seite vernehmen durften — freundliche Erinnerungen mit. An einem Orte, der solch ernster Bestimmung geweiht ist, hatten sie unerwartet ein heiteres Fest gefeiert. Das freundlichste Andenken aber ist den Illenauern geblieben. Mehr Anstaltsärzte als je früher einmal hatten sich auf der Karlsruher Versammlung eingefunden. Die psychiatrische Section war besetzt wie vorher nie. Sie war mit Namen von bestem Klang geziert, mit einem Damerow, Flemming, Martini, Zeller, mit Dick, Gudden, Kern, Lähr, Lorent und Andern. Diese Alle nahmen an dem Besuch Illenaus Antheil. Sie Alle standen in näherer Beziehung zu den dortigen Aerzten, für die es ein Hochgenuß war, an der Stätte ihrer Wirksamkeit sachkundige Kollegen und liebe Freunde begrüßen zu dürfen. Eine freundliche Episode bildete die Bescheerung weiblicher Arbeiten, womit den befreundeten Anstaltsärzten im Damen-Salon eine kleine Ueberraschung bereitet wurde.

In demselben Saal waren im Sommer 1860 die Frauen jener Abtheilung um einen der gefeiertsten deutschen Dichter versammelt, der ihnen dort aus seinen Gedichten vorlas und aus den Aeußerungen seiner Zuhörerinnen auf ein tiefes Verständniß schließen durfte. Der Dichter, welcher der an ihn ergangenen Einladung so freundlich gefolgt ist und in diesen Kreis so viele Freude gebracht hat, wird es bezeugen, daß, wie schwerer Druck auch auf diesen Gemüthern lasten mag, ihnen doch ein klares Empfinden für das Schöne nicht abgeht. Geibels Erscheinen in diesen Räumen und die Erinnerung, welche er hinterließ und mitnahm, bezeichnet allein schon die neue Epoche im Leben dieser Anstalten.

Erholung und Geselligkeit. Jemehr aber in Illenau selbst zu gesellschaftlichen Vergnügungen und Festen Gelegenheit geboten ist, um so weniger braucht man Erholung und Freude auswärts für die Pfleglinge zu suchen oder — wie man empfehlen wollte — fremde Elemente hereinzuziehen. Durch Beides würde die Isolirung — eine Grundbedingung für die Wirksamkeit der Anstalt — gefährdet. Damit soll nicht gesagt sein, daß die Kranken beständig auf Illenau beschränkt bleiben oder als ob alle auswärtige Besuche ausgeschlossen sein müßten. Landparthieen zu Fuß und zu Wagen in die nähere und fernere Umgebung sind hier eben so leicht ausführbar als lohnend. Ebensowenig fehlt es an zahlreichen Besuchen von Freunden und Verwandten, aber man sucht darin Maß zu halten. Wer in dem Leben der Anstalten eine Kraft erkennt, durch welche gewirkt werden soll, der muß dasselbe in seiner Eigenthümlichkeit zu erhalten suchen. Es mag sein, daß

Kranke und Angehörige dadurch bisweilen sich beengt fühlen, daß da und dort einem Wunsche entgegengetreten wird, aber jenes Leben ist ein Instrument, dessen wir zur Heilung der Kranken bedürfen und darf darum nicht verkümmert werden. Es ist Großes, was durch Beschränkung ausgerichtet wird, dieß schließt aber die Aufgabe nicht aus, sie mit den zartesten Rücksichten zu umgeben *).

Dadurch, daß die Familien der Angestellten mit den Kranken in vielfachen Verkehr treten und an den für sie veranstalteten Gesellschaften und Parthieen Antheil nehmen, daß sie sich gegenseitig besuchen, wird den Kranken einiger Ersatz für die Trennung von ihren eigenen Familien geboten. Die Angehörigen der Illenauer Beamten gewähren für den Umgang mit den Pfleglingen natürlich mehr Sicherheit als Fremde. Wenn auch solche Zutritt haben — aus Familien, die mit den Illenauern in näherer Verbindung stehen — so ist ihre Zahl nur gering und sie sind dem hier herrschenden Geist so eingefügt, daß sie nur als Glieder der großen Gemeinschaft erscheinen und keinen anderen als höchst dankeswerthen Einfluß ausüben.

Aus solchen Elementen, wozu die größere Zahl wohlhabender Kranken einen reichen Beitrag liefert, bilden sich die mancherlei gesellschaftlichen Berührungen, welche in das alltägliche Leben eine wohlthuende Abwechslung bringen. Regelmäßige, dem Spiel und der Unterhaltung gewidmete Kränzchen bestehen auf der

---

*) Die größere Freiheit, welche den Irren der bekannten belgischen Irrenkolonie Gheel gestattet ist, hat im Gegensatz zu der Beschränkung, welcher sie in Anstalten unterworfen sind, eine Bewegung gegen die letzteren hervorgerufen. Statt die in Gheel gewonnenen Erfahrungen für einzelne dazu geeignete Fälle zu benützen, werden von einer gewissen Seite in arger Uebertreibung die Irrenkolonien als allein gültiges System angepriesen und die Irrenanstalten mit allen ihren Erfolgen verworfen.

Männerseite. Häufiger noch giebt es für die Frauen kleinere oder größere Gesellschaften.

Nicht unerwähnt darf hier das Donnerstagskränzchen bleiben, in welchem seit zwanzig Jahren die Beamten der Anstalt nach dem Abendessen zur geselligen Unterhaltung sich vereinigen und der Ereignisse des Tages gedenken. Männliche Pfleglinge aus den gebildeten Ständen nehmen nicht selten an demselben Antheil. Häufig trifft es sich, daß frühere Genossen dieses Kränzchens in dem bekannten Kreis sich einfinden.

Die musikalischen Kräfte der Anstalt werden durch den Musiklehrer geweckt und geübt und zwar ebensowohl für eine aus Blasinstrumenten gebildete Harmonie-Musik als für den Gesang. Anerkennungswerther Ausdauer ist schon die Aufführung einzelner Theile größerer Oratorien gelungen. Vierstimmiger Gesang bildet einen Bestandtheil der Concerte, welche öfter im Jahre durch Illenau's eigene Kräfte oder durch fremde Künstler zu Stande kommen und welche den Kranken aus allen Ständen eine willkommene Unterhaltung bringen.

Vielen Genuß gewährt auch der Volksgesang, der in den einzelnen Abtheilungen durch den Musiklehrer geübt wird. Diesem verdanken wir das 1861 fertig gewordene Illenauer Liederbuch, welches für unsere gesellige Kreise eine willkommene Zugabe ist und dem Volksgesang einen neuen Aufschwung verlieh. Es enthält in passender Auswahl 163 Lieder. Zwölf deutsche Irrenanstalten ließen sich davon 150 Exemplare kommen, denen also nicht blos ihre ernste Aufgabe, sondern auch fröhlicher Gesang gemeinsam ist. So lang es die Jahreszeit gestattet, ist mehreremal in der Woche Harmoniemusik im Freien, und wo die Jahreszeit dieß nicht gestattet im großen Saal für die weiblichen Pfleglinge, die dort unter sich die Freude des Tanzes genießen, eine Bewegung, die schon recht wohlthätig gewirkt hat. In der ersten

Zeit von Illenaus Bestehen hatten zwei große Bälle statt; seither nicht wieder. In der letzten Zeit wurden von Wärtern, die auch die Frauenrollen übernahmen, zur großen Erheiterung der zahlreichen Zuhörer passende Lustspiele aufgeführt, einigemal auch von auswärtigen Schauspieler-Gesellschaften. Physikalische und naturhistorische Unterhaltungen (für jene ist ein kleines Kabinet angelegt) kommen ebenfalls vor. Einmal — es war im Herbst 1857 — gab eine bekannte Kunstreiter-Gesellschaft eine große Vorstellung auf dem Illenauer Gebiet. Zur Osterzeit legt der Haas seine Eier, im Herbst werden Trauben und neuer Wein vertheilt. Natürlich fehlt es auch nicht an Spielen und den dazu nöthigen Geräthen und Vorrichtungen. In vier Männergärten sind Kegelbahnen, wovon eine bedeckt ist. Zwei Billarde sind aufgestellt. Manche Kämpfe werden auf dem Schachbrett ausgekämpft. Viele aus der arbeitenden Klasse unterhalten sich in den Versammlungssälen damit, einen von der Zimmerdecke herabhängenden Ring nach einem an der Wand befestigten Haken zu werfen. Auch verschiedene Kartenspiele, das Lotto, das Damen- und Mühleziehen, worin manche Kranke, deren geistige Thätigkeit fast erloschen scheint, eine merkwürdige Geschicklichkeit zeigen, bringen in die langen Winterabende einige Abwechslung, während Andere zu gemeinsamem Gesang sich vereinigen. Eine nahe Kunsthandlung sendet von Zeit zu Zeit Bilder zur Ansicht. Reichen Stoff zur Unterhaltung bietet eine umfangreiche Bibliothek. Von der Anstalt und einzelnen Kranken werden zahlreiche belletristische und politische Zeitschriften — wohl 30 an der Zahl — gehalten.

Mehrere Stunden in der Woche sind dem Vorlesen in verschiedenen Abtheilungen gewidmet, andere dem Unterricht in Elementar-Gegenständen, im Zeichnen. *Unterricht und Arbeit.*

Die wichtigste Unterhaltung und Beschäftigung bildet die Garten- und Feldarbeit. Manches kann durch Surrogate ersetzt

werden, nie aber die Arbeit im Freien, welche für die Kranken
aller Stände und für beide Geschlechter paßt, daher ein hinrei
chend großes Gebiet für eine solche Anstalt so unerläßlich ist.

Wer sich erinnert, wie ehedem die Pfleglinge einer solchen
Anstalt müßig umherlagen, wird freudig berührt, wenn er sie jetzt
heiter zur Arbeit in das Freie ziehen sieht. Einige können selbst
in der ungünstigen Jahreszeit im Gewächshaus beschäftigt werden.

Eine sehr heilsame Beschäftigung, namentlich für den Winter,
welcher sonst weniger Bewegung im Freien gestattet, bietet das
Kleinmachen Sägen und Spalten des Holzes in den geräumigen
Kellern der Anstalt, welche gegen Kälte und Regen Schutz gewähren. Manche Pfleglinge finden Beschäftigung in den zahlreichen Werkstätten der Anstalt, deren jeder ein eigener Werkmeister
oder ein der Profession kundiger Wärter vorsteht. In Illenau
sind Werkstätten für Schmiede, Schlosser, Schreiner, Dreher,
Glaser, Schneider, Schuster, Sattler und Buchbinder. Auch
Weben, Korb- und Strohflechten wird getrieben. Manche, besonders jüngere Pfleglinge, haben in Illenau schon ein Handwerk
gelernt. Auch hier drängt sich der Werth einer größern Anstalt
recht anschaulich auf. In einer kleineren würden so viele Werkstätten nicht wohl im Gang erhalten werden können. Durch dieselben wird aber nicht bloß eine vielfache Beschäftigung der Pfleglinge, sondern auch manche Bequemlichkeit und eine größere Unabhängigkeit der Anstalt von der Außenwelt gewonnen.

Die durch die verschiedenen Zweige der Wirthschaft dargebotene Gelegenheit zur Beschäftigung wird mit Rücksicht auf die
Gesundheit der Pfleglinge benützt. In der Kochküche werden weibliche Pfleglinge nur ausnahmsweise zugelassen, dagegen werden
die Arbeiten in der Gemüsestube von ihnen besorgt. Ebenso werden
nur wenige Kranke zum Reinigen der Wäsche als zu einer unge-
sunden Beschäftigung verwendet, wohl aber im Bügelzimmer, wo

die Arbeiten der Gesundheit weniger nachtheilig sind. Zum Nähen, Stricken und Spinnen ist stets ein reicher Stoff vorhanden, wobei nur zu wünschen wäre, daß diese Arbeiten nicht im Sitzen abgemacht werden müßten.

Wie überall werden auch in Illenau die Pfleglinge beider Geschlechter bei den zum Wartdienst gehörigen Arbeiten, beim Reinigen des Hauses und der Geräthe, beim Bettmachen und Essenholen und auch bei der Krankenpflege aushülfsweise verwendet.

Weniger zur Beschäftigung als zur Bewegung und zur Unterhaltung gehört das Turnen, welches in passender Anwendung als Heilmittel dienen kann und vorzugsweise für die weiblichen Irren benützt werden sollte, weil es diesen zumal in der ungünstigen Jahreszeit vielmehr an Mitteln zur Bewegung fehlt, als den männlichen. In Illenau war, um das Turnen einzuführen, im Winter 1846 auf 1847 ein eigener Turnlehrer mehrere Wochen anwesend. Es wurde auch noch länger fortgesetzt, auf der Männerseite unter Anleitung des Dr. Kast bis in die neueste Zeit und zwar sowohl im Freien auf dem Turnplatz, als auch während der ungünstigen Jahreszeit das Zimmerturnen in einem Saal der Anstalt. Es ist nicht bloß die körperliche Bewegung, durch welche das Turnen wohlthätig wirkt, obwohl diese als Mittel gegen die hier vorkommenden Stockungen und Hemmungen in der Respiration und im Blutumlauf nicht gering anzuschlagen ist; fast noch mehr geschieht es dadurch, daß es in manchen trägen, schwer aufzurüttelnden Naturen die Aufmerksamkeit und den Trieb zur Nachahmung weckt, und wenn dann etwas gelungen ist, große Befriedigung gewährt. — Aus diesen Gründen ist die Errichtung einer eigenen Turnhalle auf der Frauenseite in Anregung gekommen.

Turnen und Exercitien.

Die militärischen Exercier-Uebungen, welche besonders in der Heidelberger Anstalt, wo es an Gelegenheit zur Feldarbeit fehlte, im Gang waren, sind auch in Illenau unter der Anleitung von

4.

Wärtern, die früher Soldaten waren, mit Erfolg fortgesetzt worden.

Behandlung. • Die Natur der Krankheiten, welche in einer solchen Anstalt zur Behandlung kommen, bringt es mit sich, daß man mit freundlichen Eindrücken allein, mit Festen und erheiternden Spielen, mit Arbeit und Unterricht, wie wohlthätig dadurch auf das Gemüth der Pfleglinge gewirkt wird, nicht ausreicht. Auch der Ernst behauptet seine Rechte. Die Kranken müssen in den Ausbrüchen ihrer Krankheit beschränkt, es muß da und dort ein heilsamer Zwang angewandt werden. Damit, daß man ihn gänzlich aus diesen Anstalten zu verbannen suchte, hat man etwas angestrebt, was sich ohne viele Uebelstände nicht ausführen läßt, und was, wenn es sich ausführen ließe, nicht einmal zweckmäßig wäre. Aus England, wo das große Publikum dieser Angelegenheit sich bemächtigte, wo für und gegen den non-restraint lebhaft agitirt wurde, ist die Sache auch nach Deutschland gedrungen. Es sind auch in Illenau Versuche zur gänzlichen Abschaffung der Zwangsmittel gemacht worden. Man ist davon zurückgekommen und wir glauben, ohne daß dadurch die Menschlichkeit im Geringsten beeinträchtigt wird. Man hält in Illenau dafür, daß man mit dem Bestreben, die Anwendung der Zwangsmittel in jedem einzelnen Fall einer strengen Prüfung zu unterwerfen und dieselbe immer mehr einzuschränken, weiter kommt, als wenn man von vornherein deren Abschaffung als ein unwiderrufliches Gebot ansieht. Der non-restraint wird, was er verheißt, doch nie erfüllen, ohne Zwang wird es nie abgehen. Man wird die verschlossenen Thüren der Zellen nicht öffnen. Eine vernünftige Anwendung der Zwangsmittel ist jedenfalls menschlicher, als jene gezwungene Durchführung des durch arge Uebertreibung der Zwangsmittel hervorgerufenen Gegensatzes. Im Jahr 1834 hatte Jacobi in der englischen Grafschafts-Irrenanstalt zu Lankaster gegen 30 auf Zwangstühlen sitzende Irren in einem Raume beisammengefunden! Daß das alte Rüstzeug, mit welchem sonst die Kranken gemaßregelt wurden, in Illenau nicht zu finden ist, braucht kaum erwähnt zu werden. Es sind im Verhältniß zu der großen Zahl von Kranken nur wenige Zwangsmittel im Gebrauch. Früher sah man oft Wochen und Monate lang nicht eines in den Abtheilungen der störenden Kranken, nur erst in den letzten Jahren sind sie wegen der Ueberfüllung der Anstalt, die der Uebelstände so manche im Gefolge hat, häufiger geworden. Das am meisten übliche, fast das einzige Zwangsmittel ist die Zwangsjacke, zu welcher ein weicher dehnbarer Zeug genommen wird. Zur Befestigung derselben bedient man sich weicher Bänder statt lederner Riemen. Manchmal reichen Handschuhe aus. Die alten Zwangstühle sind abgeschafft, die englischen (ohne Riemen) werden nur selten gebraucht, dagegen häufiger, besonders für Gelähmte, Lehnstühle mit leichter Befestigung. Wo das Befestigen im Bett nöthig ist (zum Theil wegen Gesundheitsrücksichten, damit die Kranken sich nicht erkälten, am meisten, weil aus Mangel an einzelnen Zimmern Kranke zusammengelegt werden müssen, die sich beschädigen würden ꝛc.) wird Sorge getragen, daß die Bewegung des Körpers so wenig als möglich gehemmt ist. Dazu dient ein mit einem Schloß versehener Leibgürtel. Wenn die Kranken Kleider und Bettstücke zerreißen oder sich nicht angekleidet lassen, Schuhe und Kleider wegwerfen, so läßt man ihnen Kleider aus starken Stoffen fertigen, Leintücher und Bettteppiche mit einem Saum aus starkem Zeug einfassen, Kleider und Schuhe durch kleine Schlösser befestigen, wozu die Wärter die Schlüssel haben. Hierher gehört eine entsprechende Zimmer- und Zelleneinrichtung, das Einsetzen von dickem Glas in die Fenster, überhaupt Alles, was gegen den verderblichen Hang der Kranken Schutz und Sicherheit bietet. Es sind dieß nur Andeutungen, wie durch äußere Vorkehrungen die Anwendung der Zwangsmittel beschränkt werden kann. Eine größere und wichtigere Aufgabe besteht darin, die Ursachen der störenden und zerstörenden Richtung aufzufinden und zu entfernen. Man glaubte wohl früher und glaubt es vielleicht da und dort noch jetzt, mit eiserner Konsequenz und schwerem Geschütz gegen die „Unarten und Excesse" der Kranken vorgehen zu müssen. Ein geübtes und näherzusehendes Auge sucht aber den Schaden anderswo als im sittlichen Gebiet und weiß ihn mit anderen Mitteln zu heben: mit einem Bad, mit einem Abführungsmittel, überhaupt mit geeigneter ärztlicher Behandlung oder mit der Beachtung eines Wunsches, mit der Abhaltung von Schädlichkeiten, mit geschickter Ablenkung u. dgl. — Man wird sagen dürfen, daß die Art und Weise, wie ein Irrenarzt Beschränkung und Zwang anwendet, die Stufe seiner Bildung in der praktischen Psychiatrie bezeichnet. — Die Geschichte der zur Anwendung und wieder in Abgang gekommenen Zwangsmittel ist zugleich ein Stück Entwicklungs-Geschichte der Irrenanstalten. Zwischen der Zeit der Ketten und Schläge in den Tollhäusern des alten Schlags und der rücksichtslosen Anwendung der Zwangstühle, gegen welche der verdiente Hayner eiferte, und zwischen der Jetztzeit, da man Zwangsmittel so selten und so mild als möglich anwendet, liegt eine für die Gestaltung dieser Anstalten entscheidende Periode. Die Kranken wurden um so ruhiger, je seltener man die Zwangsmittel anwendete. An ihre Stelle traten andere Mittel. Derselbe Kranke, welcher durch hohles Rad und Stuhl und Schaukel nicht gebändigt werden konnte, nimmt jetzt an heiteren Festen Antheil. Wie das Klirren der Ketten den fliehenden Paroxysmus zurückrief, so verhütet jetzt die freundliche Gemeinschaft, in welche man den Kranken aufnimmt, mehr als einen Ausbruch. Es ist nicht philanthropische Phantasie, sondern geschichtliche Wahrheit, wenn wir sagen, daß den engen Banden das Toben, der Gestattung der Freiheit die Ruhe gefolgt ist.

Die Behandlung der Irren ist eine doppelte, sie ist somatisch und psychisch. Jene ist gegen die mit dem Irresein verbundenen körperlichen Krankheits-Zustände gerichtet und kann, da sie in das speciell ärztliche Gebiet gehört, hier nicht weiter berührt werden. Nur das sei bemerkt, daß Illenau zu den Anstalten gehört, in welchen man großes Gewicht auf sie legt. Unter der psychischen Behandlung wird gewöhnlich die verstanden, welche von Heinroth als die „indirekt psychische" Heilmethode bezeichnet wird und welche in der methodischen Anwendung aller der Mittel und Kräfte besteht, durch welche auf das Gemüth der Kranken gewirkt wird. Alles, was zur Unterhaltung und Erheiterung, zur Beschäftigung und auch zur heilsamen Beschränkung dient, gewissermaßen die Anstalt selbst mit all den ihr zu Gebote stehenden Kräften und Mitteln, gehört in das Gebiet dieser indirektpsychischen Methode. Und gewiß kömmt man weiter mit ihr, als wenn man, wie auch schon versucht worden ist, in direkter Weise, belehrend und erziehend, einzuwirken und dadurch den auf falsche Bahnen gerathenen Geist zurechtzubringen sucht. Nicht aus bloßen Irrthümern besteht die Seelenstörung, die durch Berichtigung zu beseitigen sind. Auch mit Strafpredigten gegen die Sünde, mit Katechisiren und Moralisiren wird man diese Uebel nicht heilen, noch sind sie so mechanischer Natur, um sie mittelst Ansetzen eines psychischen Hebels entfernen zu können, wie in dem „traitement moral" der Franzosen und schon 30 Jahre vorher in Deutschland versucht worden ist. — Seelenstörungen sind Krankheiten und wer sie heilen will, muß Heilmittel anwenden. Daß diese Heilmittel anderen Gebieten entnommen werden, als der gewöhnlichen materia medica, hebt den Begriff der Krankheit nicht auf, mit dessen Aufstellung und Festhaltung der ganze Fortschritt der psychischen Medicin zusammenhängt. Wenn wir von der Macht des Gemüths auf den Körper tagtäglich die Proben

Allgemeine Grundsätze der Behandlung.

sehen, wenn ein Arzt, der noch andere Kräfte kennt, als die in
Mixturen und Pulvern wohnen, sie schon in den gewöhnlichen
Krankheiten erfolgreich zu verwenden weiß, so darf man sich nicht
darüber wundern, wenn man in psychischen Krankheiten sich nach
psychischen Heilmitteln umsieht. In Illenau hält man viel auf
dieselben und findet keinen Widerspruch darin, neben den Arzneien
auch alle die Mittel zu versuchen, die auf das Gemüth zu
wirken suchen. Denn nicht durch Verstandesbildung oder durch
Hebung der Intelligenz erweist die psychische Behandlung sich
wirksam, sondern dadurch, daß die sittliche Kraft in Bewegung
gesetzt, daß der Sinn für Reinlichkeit und Ordnung, für Anstand
und Gehorsam, für Recht und Unrecht, geweckt und gepflegt, daß
das Gemüth mit seinen zarteren Regungen in Anspruch genommen wird. In dieses Gebiet gehören auch die Mittel, wodurch
der Arzt das Vertrauen der Kranken zu erwerben und sich Einfluß auf sie zu sichern weiß. Der Satz, daß Seelenstörungen
Krankheiten sind, daß sie ärztlicher Behandlung bedürfen, bleibt
deshalb unangefochten. Es sollte nur ausgesprochen werden, daß
das wirksame Princip in der psychischen Behandlung nicht der
intellektuellen Sphäre entnommen ist, sondern daß es sittlicher
Natur ist, daß aber seine Anwendung der eigenthümlichen Beschaffenheit dieser Krankheiten angepaßt sein muß und daß wir
darum dieselben für keine sittliche Abartungen halten. Beides ist
festzuhalten. Ein einseitiges Durchführen des sittlichen Princips
würde so schwer sich rächen, als ein Aufgeben desselben, und
wiederum würde das Verkennen, daß Irre Kranke sind, ebenso-
weit vom Ziele abführen, als wenn man die Nothwendigkeit eines
obern leitenden Grundsatzes außer Acht lassen und der krankhaften
Reizbarkeit ausschließlich Rechnung tragen wollte. Wir sagen
„ausschließlich", denn Rechnung muß ihr getragen werden, um
so mehr, je weniger in vielen Fällen mit anderen Mitteln etwas

auszurichten ist. So oft muß man, wie in der Erziehung der
Kinder, Manches gar nicht sehen wollen, ja man muß in einzelnen Fällen der krankhaft gesteigerten Empfindlichkeit sich gefügig
zeigen, sie durch Nachgiebigkeit und Entgegenkommen zu beschwich-
tigen suchen. Es darf dieß aber nicht so weit gehen, daß dadurch
das sittliche Gefühl des Einzelnen, welches wir nie als ganz erloschen annehmen dürfen, geschwächt und verwirrt oder die in der
Hausordnung liegende sittliche Macht beeinträchtigt wird. Daß
diese Kranken der für die Anstalt festgestellten Ordnung sich
unterwerfen — stets in dem Maß und dem Grad, als die Krankheit es zuläßt — ist schon deßhalb nothwendig, weil jene Ordnung selbst ein Heilmittel, und zwar ein sehr wirksames ist, und
weil man dessen verlustig gehen würde, wenn man es durch den
Einzelnen wollte gefährden lassen. Umgekehrt besteht da noch ein
niederer Standpunkt psychiatrischer Bildung, wo die strenge
Durchführung der Hausordnung ohne Rücksicht auf individuelle
Bedürfnisse als höchste Weisheit gilt. Es sind hier allerdings
zwei einander widerstrebende Forderungen in Einklang zu bringen.
Aber, wie schwer auch die Aufgabe sein mag, sie ist es werth,
gelöst zu werden und wer an die Lösung geht, wird inne werden:
„Nicht Kunst und Wissenschaft allein, Geduld will bei dem Werke
sein"; Geduld und die Alles überwindende Liebe, die das Gesetz
zu erfüllen und doch dem Einzelnen seine Rechte zu wahren weiß.
— So viel über die psychische Heilmethode und über Irrenbe-
handlung überhaupt, womit nur eine Andeutung gegeben werden
soll, wie die Sache in Illenau angesehen, was dort in dieser
Beziehung angestrebt wird.

 Wenn aber für das innere Leben Alles geschehen, wenn alle Aufnahme-
Verfahren.
Einrichtungen getroffen sind und in der Anstalt die tüchtigsten
Kräfte walten, so bleibt noch als wichtiges Erforderniß übrig, daß
die Anstalt Denen, für welche sie bestimmt ist, auch zugänglich

gemacht, daß ihre Benützung erleichtert wird. Man darf sagen, daß in Illenau diese Aufgabe gelöst ist. Für das Aufnahmsverfahren sind zwar auch hier Förmlichkeiten vorgeschrieben und können nicht erlassen werden, aber schwerlich wird anderswo der Charakter des Krankenhauses und das Bedürfniß der Kranken dabei mehr gewahrt, als dieß in Baden der Fall ist. Das im Statut für die Aufnahme vorgeschriebene Verfahren hindert in keinem dringenden Fall den augenblicklichen Vollzug. Wenn ein ärztliches, am Besten bezirksarztliches Zeugniß, daß die Aufnahme der Heilung oder der Gefährlichkeit wegen nothwendig ist, wenn die Zustimmung der Angehörigen, bei Ausländern überdieß noch eine Bürgschaft wegen Zahlung der Kosten beigebracht wird, so kann — in dringenden Fällen — von der Direction die provisorische Aufnahme gestattet und alles Uebrige, was an Belegen erforderlich ist, nachgeliefert werden. Nur sollten die Stellen, welche nach dem Statut bei der Aufnahme mitzuwirken haben, nicht übergangen werden.

Kostenbeiträge und Verpflegungsklassen.

Ebenso human sind die Bestimmungen wegen der Zahlung der Kosten. So oft bildet der Geld- und Kostenpunkt die Klippe, an welcher, wenn alle andern Hindernisse überwunden sind, die Verbringung eines Kranken in die Anstalt scheitert. Oder es knüpfen sich daran, wenn in Folge von Stiftungen ꝛc. die Verpflegung ganz frei ist, allerlei Mißbräuche. Für arme Kranke haben in Baden die Gemeinden einzutreten, aber nicht mit dem vollen Aversum, sondern mit einem ihren Vermögensverhältnissen entsprechenden jährlichen Beitrag, welcher von 50 fl. oder noch weniger bis zu 140 fl. steigt. Ganz armen Gemeinden wird jeder Beitrag erlassen, ebenso solchen Kranken, welche den Familien unbemittelter Staatsangestellter angehören. Halbjährige freie Verpflegung wird den unvermöglichen Kranken bewilligt, für welche die Aufnahme zeitig ohne Versäumniß nachgesucht worden ist.

Sodann besteht für die, welche unzureichendes, d. h. kein so großes Vermögen besitzen, daß aus dessen Zinsen die Unterhaltungskosten bestritten werden können, die menschenfreundliche Bestimmung, daß nie das Kapital selbst angegriffen, sondern immer nur der Ertrag eingezogen und was durch denselben nicht gedeckt werden kann, auf jenes vorgemerkt wird. Nach der definitiven Entlassung oder gewöhnlich erst nach dem Tode des Pfleglings wird vom Ministerium des Innern, stets mit liberaler Berücksichtigung der Erben, entschieden, ob und wie weit die Ansprüche der Anstalt geltend gemacht werden sollen. Es bringt dieß Verfahren für die Verrechnung viele Mühe und Arbeit, begünstigt aber die Aufnahme einer großen Anzahl von Pfleglingen, die oder deren Verwandte sich nie zur Aufnahme in die Anstalt verstanden haben würden, wenn durch die Verpflegungskosten die kleine Habe erschöpft oder doch verringert werden würde. Jetzt finden die Genesenen dieselbe ungeschmälert vor.

Für die beiden obern Verpflegungsklassen sind die Ansätze allerdings nicht niedrig, aber dieß wird Niemand anstößig finden, da ja die Wahl der Klasse frei steht, und da in der zweiten Verpflegungsklasse, für welche als niederster Beitrag die Summe von 300 fl. im Jahre angesetzt ist, Kranke aus den gebildeten Ständen, welche nicht zu den Wohlhabenden gehören, immer noch eine entsprechende Verpflegung finden.

Die Verfügung, durch welche die Aversen für die verschiedenen Verpflegungsklassen der In- und Ausländer regulirt worden ist, findet sich am Schlusse des Statuts abgedruckt.

Endlich besteht noch die liberale Einrichtung, daß es von dem Stand und Bedürfniß des Pfleglings und nicht von dem, was er bezahlt, abhängt, in welche Verpflegungsklasse er eingereiht wird. Nicht selten werden Kranke, welche nur das Aversum einer niedern Klasse oder nicht einmal dieses bezahlen, mit Genehmigung der Behörde nach einer höheren verpflegt. Alle diese Leistungen und Vergünstigungen gehen natürlich nicht ohne Opfer für die Staatskasse ab, aber was damit erreicht wird, ist der Opfer auch werth. Die Anstalt steht Allen, die ihrer bedürfen, offen. Der ärmsten Gemeinde ist der Vorwand genommen, daß sie die Geldmittel für einen der Behandlung in der Anstalt bedürftigen Irren nicht aufbringen könne. Es kommt daher auch selten vor, daß der Kostenpunkt eine Abhaltung für die Aufnahme bildet.

Vorurtheile. Oft ist es nicht der Geldpunkt, welcher die Benützung der Anstalten erschwert, sondern es thürmen sich die Vorurtheile gegen diese Anstalten, wie ein unübersteiglicher Wall dagegen auf, doch schwindet dieses Hinderniß mit jedem Jahre mehr, zur glänzenden Abfertigung der gedruckt zu lesenden Behauptung, daß gegen große Anstalten immer auch eine große Abneigung bestehe. Illenau ist eine große Anstalt, hat aber in den 22 Jahren seines Bestehens zur Ueberwindung jener Vorurtheile gewiß soviel beigetragen, als die kleinen Anstalten, und zwar nicht bloß in seinem nächsten Bereich, sondern über die Gränzen des badischen Landes hinaus und nicht etwa nur in den untern und mittleren Ständen, sondern in allen. Aus andern Kreisen der Gesellschaft als ehedem bevölkern sich jetzt diese Anstalten. Es sind besonders die geheilt Entlassenen, welche auswärts den Umschwung in der öffentlichen Meinung zu Stande gebracht haben. —

Beurlaubung. Nachricht von den Entlassenen. Unterstützung derselben. Durch die Verbindung, in welcher die Entlassenen mit der Anstalt bleiben, werden noch andere wichtige Zwecke erreicht. Die welche aus der Anstalt scheiden, werden nicht sogleich gänzlich, sondern vorerst nur probe- oder urlaubsweise aus ihr entlassen. Es wird nämlich über das Befinden der aus der Anstalt entlassenen Pfleglinge erstmals nach einem Monat und dann noch dreimal, nach je drei Monaten, Erkundigung eingezogen. Je nach=

dem dieselbe lautet, wird sodann — also nach 10 Monaten — die definitive Entlassung ausgesprochen oder die Probezeit auf ein Jahr und nach Abfluß desselben, nöthigenfalls wiederholt verlängert. Die Anstaltsärzte erhalten durch dieses sogenannte Beurlaubungs-System Kenntniß von dem Befinden ihrer Pfleglinge. Diese aber kommen, was noch wichtiger ist, dadurch, daß nach ihnen gefragt wird, unter eine gewisse Aufsicht. Es kann da und dort eine Schädlichkeit beseitigt und das Wiedererkranken verhütet werden. Wird aber während der Dauer einer solchen probeweisen Entlassung dennoch die Wiederaufnahme nothwendig, so kann dieselbe ohne weitere Förmlichkeit bewirkt werden. Es wird übrigens nach den Entlassenen nicht bloß nachgefragt, sie werden auch aus einer dafür bestimmten eigenen Kasse unterstützt, welche aus dem in Illenau fallenden Kirchenopfer und aus Geschenken wohlhabender Kranker und deren Familien oder von anderen Freunden der Anstalt ihre Mittel erhält, sodann aus einer eigenen Stiftung: der Zellerstiftung. Der am 18. Dezember 1851 zu Lörrach gestorbene Physikus Dr. Zeller (die Karlsruher Zeitung vom 5. Februar 1852 brachte einen kurzen Nekrolog dieses verdienten Arztes) hinterließ ein Legat von 2000 fl., welchem die Staatsgenehmigung ertheilt wurde, mit der Bestimmung, daß aus dessen Zinsen entlassene Pfleglinge unterstützt werden. Von einem Ungenannten wurde im Februar 1864 eine österreichische Obligation von 100 fl. übersandt mit einer gleichen Bestimmung. Manchmal schon wurde durch eine den Entlassenen am rechten Ort gereichte Spende die wiedergewonnene Genesung befestigt. Junge Leute haben aus dem Ertrag der Zellerstiftung schon ein Handwerk gelernt, und damit die Mittel zu ihrem Lebensunterhalt gewonnen. Ein über das Land verbreiteter Verein zur Unterstützung entlassener Pfleglinge besteht zur Zeit in Baden noch nicht, es ist ihm aber, wenn er sich bilden sollte, zum Voraus jeder Vorschub zugesichert (§ 39 des Statuts).

Es hat vieler Mahnungen und Bitten bedurft und bedarf ihrer noch immer, bis den entlassenen Pfleglingen die nöthige Sorgfalt und Aufsicht gewidmet wurde, aber es muß doch auch anerkannt werden, daß schon Vielen zu Hause durch ihre Familien, durch Ortsvorgesetzte, durch Geistliche, Aerzte, Beamte und Menschenfreunde überhaupt eine freundliche Fürsorge zu Theil geworden ist. Schon manche Genesung ist dadurch erhalten worden und gewiß würden Rückfalle und Wiederaufnahme seltener sein, wenn die theilnehmende Liebe häufiger wäre.

Verhältniß zu den Aerzten des Landes. Eine andere für die Wirksamkeit der Anstalt folgenreiche Verbindung derselben mit der Außenwelt ist die mit den Aerzten des Landes. Mit ihnen stehen ihre ärztlichen Kollegen an der Anstalt in einem freundlichen Verhältniß. Dadurch daß Illenau bei den Aerzten in Baden Vertrauen genießt, werden die Aufnahmen der dazu geeigneten Pfleglinge zeitig nachgesucht. Die Klagen, die man anderswo über mangelhafte Krankheitsberichte Frage- oder Erkundigungsbogen vernimmt, werden in Illenau immer seltener. Dagegen werden von den Aerzten der Anstalt die Krankheitsgeschichten der Entlassenen und der Sectionsbefund der Gestorbenen den ärztlichen Kollegen im Lande mitgetheilt, wodurch dem wissenschaftlichen wie dem persönlichen Interesse Genüge geschieht. — Dieses freundliche kollegialische Verhältniß fand einen entsprechenden Ausdruck darin, daß die Jahresversammlung des badischen staatsärztlichen Vereins auf Veranlassung ihres Präsidenten, des Herrn Geheimehofrath Dr. Schürmayer (am 14. August 1854) nach Achern verlegt und damit der Besuch der Anstalt verbunden wurde. In einem durch diese Begegnung hervorgerufenen Vortrag wurden die Punkte der Staatsarzneikunde, der medizinischen Polizei sowohl als der gerichtlichen Medizin, deren Lösung den Aerzten in und außerhalb der Anstalt als gemeinsame Aufgabe zukommt, zusammengestellt. Ueber die Berührungspunkte zwischen der psychischen Medizin und der Staatsarzneikunde in der deutschen Zeitschrift für Staatsarzneikunde Band IV S. 301.

Beziehungen zwischen der Anstalt und der Außenwelt werden auch durch die Geistlichen vermittelt und zwar sowohl durch die auswärtigen Geistlichen, von welchen der Anstalt über die aufzunehmenden Kranken werthvolle Nachrichten zukommen, als durch die Anstalts=Geistlichen, welche ihren Amtsbrüdern über die entlassenen Kranken die erforderlichen Mittheilungen zugehen lassen. Es ist die Pflege dieses Verhältnisses um so wichtiger, je mehr man der Mitwirkung der Ortsgeistlichen für die ihrer Heimath übergebenen Pfleglinge bedarf. *Verhältniß zu den Geistlichen.*

Auch dadurch, daß die Anstalt zum Lehrzweck verwendet wird, tritt sie in eine wichtige Beziehung zur Außenwelt. Nachdem schon vorher einzelne Aerzte aus dem Großherzogthum zu ihrer Ausbildung kürzere oder längere Zeit in Illenau verweilt hatten, wurde diese Angelegenheit Gegenstand einer besonderen Aufmerksamkeit des Herrn Geheime=Referendär Cron, welcher damals wie jetzt wieder im Großherzoglichen Ministerium des Innern die Interessen von Illenau mit Umsicht und Wärme vertritt. Nachdem auch noch die oberste Medizinalbehörde gehört war, wurde durch das Großherzogliche Badische Staatsministerium unterm 12. April 1851 verfügt: *Lehrzweck.*

1) daß bei Besetzung von Physikatsstellen unter sonst gleichen Verhältnissen besondere Rücksicht auf diejenigen Bewerber genommen werden soll, welche sich durch wenigstens dreimonatlichen Aufenthalt in einer Irrenanstalt mit den Geisteskrankheiten und deren Behandlung vertraut gemacht haben;

2) daß die Aerzte, welche zu diesem Behufe die Heil= und Pflegeanstalt besuchen wollen, Wohnung und Kost in derselben gegen billige — von dem Ministerium festzusetzende Vergütung, und wenn sie unbemittelt sind, unentgeltlich erhalten. —

Es lautet diese Verordnung nicht für alle Aerzte verbindlich*).
Auch kann eine auswärtige Irrenanstalt von den badischen Irren-
ärzten besucht werden und dann ist dabei angenommen, daß dem
dreimonatlichen Besuch der Anstalt ein Kursus auf der Universität
vorausgeht. Nach der neuen badischen Examinations-Ordnung
ist die Psychiatrie unter die Fächer aufgenommen, welche gehört
werden müssen. Wenn sie von einem tüchtigen Docenten ge-
lehrt wird, welchem die zum klinischen Unterricht erforderlichen
Krankheitsfälle zur Verfügung stehen, und wenn dann die Medi-
ziner nach ihrem Staatsexamen drei Monate ausschließlich in
einer Anstalt diesen Zweig ärztlichen Wissens pflegen, so möchte
damit den Forderungen des Lehrzwecks ohne Verletzung der An-
stalts-Interessen Genüge geschehen sein. Es sind seit dem Erscheinen jener Verordnung über 40 junge Aerzte, nie mehr als
drei, höchstens vier zu gleicher Zeit in Illenau gewesen. Die
Größe der Anstalt und die Vollständigkeit, in welcher die einzelnen
Abtheilungen von einander geschieden sind, gestattet es, den besuchenden Medizinern nur da den Zutritt zu gestatten, wo es ohne
Nachtheil für die Kranken geschehen kann. Die hier gewesenen
Aerzte haben uns bezeugt, daß ihnen der Aufenthalt lehrreich gewesen sei. Eine tief eingehende vertraute Bekanntschaft mit diesem
Fach kann innerhalb drei Monaten allerdings nicht gewonnen
werden, aber es wird der Gesichtskreis doch erweitert. Die Aerzte
lernen doch, worauf sie die Aufmerksamkeit zu richten haben, fühlen
sich diesen Zuständen gegenüber weniger fremd und werden vor
manchen Irrthümern bewahrt sein. —

Besuche.
Aber nicht bloß Aerzte aus dem Inland, auch solche aus
dem Ausland haben, kürzere oder längere Zeit, die zum Studium
der Psychiatrie in Illenau ihnen dargebotene Gelegenheit dankbar

---

*) Es wird dieß geschehen können, wenn die neue Irrenanstalt, welche
statt der Pforzheimer errichtet werden soll, vollendet sein wird.

benützt. Von denen, die mehr als einen Tag, zum Theil mehrere Monate in Illenau waren, sind aus fast allen Ländern Europa's im Illenauer Fremdenbuch eingeschrieben, darunter Viele, die als bewährte Aerzte und Vorsteher von Irrenanstalten in weiteren Kreisen ehrenvoll bekannt sind. Wir nennen die Doctoren

1. Meier von Lemgo.
2. Spurzheim von Ybbs.
3. Quitzmann von Nürnberg.
4. Hagen von Erlangen.
5. Jocke, damals in Siegburg.
6. Stolz von Hall in Tyrol.
7. Rosenberg von Christiania.
8. Landerer von Göppingen.
9. Willing von Siegburg. †
10. Engelmann von Irsee.
11. Koster von Marsberg.
12. Kern von Leipzig.
13. Dick von Klingenmünster.
14. Ludwig von Hofheim.
15. v. Böck, Karthaus Prüll.
16. Krause von Göttingen.
17. Biffi von Mailand.
18. Griewank von Sachsenberg.
19. Wachsmuth, damals in Göttingen.
20. Jung von Kaiserswörth.
21. Schulz von Petersburg.
22. Frese von Moskau.
23. Hussell, jetzt in Kennenburg.
24. Christmann von Göppingen.
25. Gerni von Solothurn.

26. Uhlig von Kaiserwörth.
27. Gehewe von St. Petersburg.
28. Zinn, jetzt auf St. Pirminsberg.
29. Brutzer von Riga.
30. Focke von Bremen.
31. Niemeyer von Halle. †
32. Koller, jetzt in Zürich.
33. Henne auf St. Pirminsberg.
34. Richter, früher in Wien.
35. Löchner von Klingenmünster.

Zahlreiche Kommissionen von Aerzten, Architekten und Verwaltungsbeamten aus Ländern, in welchen man sich mit Errichtung oder Verbesserung ähnlicher Anstalten befaßt, haben sich hier eingefunden. Auch Geistliche, die sich für ihren Beruf an einer Irrenanstalt vorbereiten, sind schon mehrere in Illenau gewesen.

Allen, welche ein gemeinnütziges oder wissenschaftliches Interesse dahin führt, wird der Zutritt, natürlich mit der den Kranken schuldigen Rücksicht, bereitwillig gestattet. Gern wird Bürgermeistern und Ortsvorgesetzten, welche Kranke in die Anstalt begleiten, ein Theil derselben gezeigt. Andere Fremde, welche nicht unter eine dieser Kategorien gehören, werden nur in die Küche, in den großen Saal und in die Kirche geführt.

Obere Leitung. Einer wichtigen Beziehung zur Außenwelt, die aber in gewissem Sinne eine tief innere ist, erwähnen wir zuletzt: der Leitung der Anstalt durch die Staatsbehörden. Eine früher für sämmtliche sogenannte Staatsanstalten eingesetzte besondere Mittelstelle, „die Staats-Anstalten-Kommission", wurde 1831 aufgehoben und die die Irrenanstalt betreffenden Angelegenheiten derjenigen Kreis-Regierung, in deren Bezirk die Anstalt lag, sodann aber, was die Aufnahme der Pfleglinge betrifft, den einzelnen betreffenden Kreis-Regierungen und die Oberaufsicht endlich dem Ministerium des Innern übertragen. Um die Nachtheile, welche aus einer solchen zersplitterten Leitung hervorgehen, zu vermeiden, hatte man beabsichtigt, die beiden Irrenanstalten dem Ministerium unmittelbar unterzuordnen. Die Ausführung aber ward wegen weiterer damit zusammenhängender Organisations-Plane verschoben. Diese sind im Spätjahre 1864 zum Vollzug gekommen. Die seither von der Regierung des Mittelrhein-Kreises ausgeübte Beaufsichtigung und höhere Verwaltung der Anstalt ist nach Aufhebung der Kreisregierungen an den neu errichteten Verwaltungshof übergegangen, welcher nun über alle Aufnahmen und den Kostenbeitrag beschließt. Die Oberaufsicht hat sich wie bisher das Ministerium des Innern vorbehalten.

Die Stellung der Behörden, welche diesen Anstalten vorgesetzt sind, ist von großer Wichtigkeit. Mehr und mehr wird es anerkannt werden, daß die Interessen der Humanität, welchen diese Anstalten dienen, nur dann zur vollen Geltung gelangen, wenn sie durch eine höher gestellte Staatsbehörde vertreten, wenn sie der Region einengender Formen entrückt werden, an welche die Mittelstellen gebunden sind. Die dem Staat zukommende obere Leitung und Fürsorge für die Irren beschränkt sich nicht bloß auf das, was innerhalb der Irrenanstalten vorgeht.

Das Irrenwesen erstreckt sich über dieselben hinaus, wie sich aus den eben dargestellten Beziehungen der Anstalt zur Außenwelt ergiebt. So Vieles, was auf das Wohl der Irren Bezug hat, ist dem Wirkungskreis der Anstalt entrückt, muß außerhalb derselben geschehen, so namentlich die zeitige Aufnahme der Kranken und die Beseitigung aller entgegenstehenden Hindernisse, die zweckmäßige Verbringung und Begleitung zur Anstalt, die Sicherung ihres Eigenthums, ihre Versorgung nach der Entlassung. Hierüber kann eine wirkliche Aufsicht nur durch eine höher gestellte

Centralstelle geführt, nur durch sie in wirksamer Weise gegen Versäumnisse eingeschritten werden.

Was bei uns in Baden in- und außerhalb der Irrenanstalten für das Irrenwesen geschieht, liefert hiefür einen vollgültigen Beweis. Denn, wenn auch das Ministerium bisher nicht die unmittelbar vorgesetzte Stelle war, so ist es doch diese Behörde, unter deren Leitung Illenaus äußerer nnd innerer Bau zu Stande kam. Hätten die Männer, denen dieß vorzugsweise zu danken ist, nicht die Stellnng als Mitglieder der obersten Verwaltungsbehörde inne gehabt, sie würden schwerlich eines so glücklichen Erfolgs sich erfreuen dürfen. Nothwendig ist freilich, daß in den leitenden Kreisen der Geist ächter Menschlichkeit waltet. Es muß ja seine Früchte tragen, wenn die Behörde diejenigen, über welche sie Aufsicht zu führen hat, durch Vertrauen und Wohlwollen zur Erfüllung ihrer Pflicht anzuhalten weiß. Möge dieser Geist, der in Baden und seinem Fürstenhaus heimisch ist, unserem Illenau erhalten bleiben und der Segen Gottes, dem es sein wachsendes Gedeihen verdankt, ferner über ihm walten!

Zu- und Abgang der Kranken vom

Jahreszahl	Anwesend am 1. Januar			Aufgenommen			Gesammtzahl			genesen	
	Mr.	Fn.	Total	Mr.	Fn.	Total	Mr.	Fn.	Total	Mr.	Fn.
1842	169	122	291	18	15	33	187	137	324	4	—
1843	181	133	314	66	60	126	247	193	440	19	
1844	204	156	360	54	58	112	258	214	472	17	
1845	202	176	378	75	59	134	277	235	512	29	
1846	209	192	401	80	59	139	289	251	540	24	
1847	205	189	394	78	66	144	283	255	538	27	
1848	226	205	431	58	56	114	284	261	545	26	
1849	221	208	429	81	65	146	302	273	575	31	
1850	210	198	408	86	71	157	296	269	565	33	
1851	206	190	396	87	85	172	293	275	568	33	
1852	214	201	415	114	104	218	328	305	633	34	
1853	215	214	429	97	100	197	312	314	626	43	
1854	221	226	447	116	95	211	337	321	658	36	
1855	208	203	411	109	131	240	317	334	651	44	
1856	209	224	433	108	141	249	317	365	682	52	
1857	200	244	444	132	124	256	332	368	700	50	
1858	216	234	450	136	118	254	352	352	704	63	
1859	222	216	438	150	125	273	372	339	711	60	
1860	233	235	468	136	141	277	369	376	745	66	
1861	205	240	445	162	144	306	367	384	751	68	
1862	170	216	386	174	154	328	344	370	714	78	
1863	194	249	443	164	158	322	358	407	765	74	
1864	193	246	439	167	178	345	360	424	784	75	
1842—1864 inclusive				2448	2305	4753				978	876

im Herbst 1842 bis 1. Januar 1865.

			Abgegangen					Summe			Verblieben am 31. Dezember		
	gebessert		ungebessert		gestorben								
	Mr.	Fr.	Mr.	Fr.	Mr.	Fr.	Mr.	Fr.	Total	Mr.	Fr.	Total
—	2	—	—	—	—	4	6	4	10	181	133	314
10	9	8	5	7	10	12	43	37	80	204	156	360
13	23	9	3	3	13	13	56	38	94	202	176	378
19	20	14	2	2	17	8	68	43	111	209	192	401
15	25	21	12	19	23	7	84	62	146	205	189	394
21	7	14	5	3	18	12	57	50	107	226	205	431
18	14	17	8	9	15	9	63	53	116	221	208	429
26	22	25	15	14	24	10	92	75	167	210	198	408
28	14	15	27	27	16	9	90	79	169	206	190	396
39	15	19	9	10	22	6	79	74	153	214	201	415
31	46	32	17	17	16	11	113	91	204	215	214	429
51	26	22	9	4	13	11	91	88	179	221	226	447
34	26	20	47	48	20	16	129	118	247	208	203	411
48	22	26	24	16	18	20	108	110	218	209	224	433
44	27	32	25	37	13	8	117	121	238	200	244	444
55	24	40	27	29	15	10	116	134	250	216	234	450
67	35	27	17	21	15	21	130	136	266	222	216	438
45	33	30	25	11	21	18	159	104	243	233	253	468
60	39	33	41	25	18	18	164	136	300	205	240	445
60	56	50	50	42	23	16	197	168	365	170	216	386
55	28	33	36	19	14	14	150	121	271	194	249	443
83	40	45	28	20	23	13	165	161	326	193	246	439
54	63	61	33	44	15	22	184	181	365	176	243	419
876	616	593	465	427	382	288	2441	2184	4625			

Statut
für die Heil- und Pflege-Anstalt Illenau*).

Nachdem das Statut für die Heil- und Pflege-Anstalt Illenau vom 18. October 1843 (Regierungsblatt Nr. XXV. von 1843) seither verschiedene Aenderungen erlitten und eine Revision desselben stattgefunden, haben Seine Königliche Hoheit der Großherzog mittelst höchster Entschließung aus Großherzogl. Staatsministerium vom 18. März d. J., Nr. 209 dasselbe in nachstehender Fassung gnädigst zu genehmigen geruht:

I. Zweck und Mittel der Anstalt.

§ 1.

Der Zweck der Heil- und Pflege-Anstalt Illenau ist Heilung und Verpflegung Seelengestörter beiderlei Geschlechts.

§ 2.

Auf diesen Zweck ist sowohl die gesammte räumliche Einrichtung der Anstalt in ihren verschiedenen Abtheilungen und Bestandtheilen und die Anlage und Verwendung der ihr angehörigen Grundstücke, als auch die ganze innere Ordnung und Verwaltung der Anstalt gerichtet, und fortwährend gerichtet zu erhalten. Insbesondere sind die vorhandenen Gebäude gemäß der Absicht, die bei Feststellung des Bauplanes leitete, stets in der Art zu benützen, daß die Abtheilung der Männer von jener der Frauen vollkommen getrennt bleibt, und die unter sich geschiedenen Unterabtheilungen zu Sonderung der Kranken nach ihren Krankheits- und persönlichen Verhältnissen verwendet werden.

*) Regierungsblatt vom 29. März 1865, Nr. XIII.

§ 3.

Die Mittel zu ihrer Unterhaltung schöpft die Anstalt:

1) aus den Beiträgen, welche für die aufgenommenen Kranken geleistet werden,
2) aus dem Ertrage der eigenen Wirthschaft der Anstalt,
3) aus Zuschüssen der Staatskasse.

Stiftungen, welche ein menschenfreundlicher Sinn der Anstalt zuwendet, werden nach dem Willen der Geber verwendet, oder wenn diese eine nähere Bestimmung hierüber nicht treffen, als Vermögen der Anstalt zu Kapital angelegt, dessen Zinsen zu Verbesserung ihrer Einrichtungen verwendet werden sollen.

II. Beaufsichtigung und Verwaltung der Anstalt.

§ 4.

Die unmittelbare Aufsicht über die Anstalt liegt dem Verwaltungshof, die Oberaufsicht dem Ministerium des Innern ob.

Bei medizinisch-technischen und medizinisch-polizeilichen Fragen bedient sich das Letztere des Beiraths des Obermedizinalrathes.

§ 5.

Die Direktion der Anstalt führt der erste ärztliche Beamte. Außer dem Direktor werden zur Besorgung der verschiedenen Geschäfte der Anstalt folgende Beamte und niedere Diener angestellt:

1) für die Krankenbehandlung und Leitung des Krankendienstes die nöthige Anzahl von Aerzten. Der jeweilige zweite Arzt ist, wenn nicht ausdrücklich Anderes verfügt wird, der Stellvertreter des Direktors;
2) zur Abhaltung des Gottesdienstes und zu den seelsorglichen Verrichtungen bei den einzelnen Kranken, zur Behandlung derselben in sittlich-religiöser, intellectueller und pädagogischer Beziehung — soweit diese Behandlung nach

dem Ermessen des Arztes einzutreten hat — ein evangelischer und katholischer Geistlicher;

3) zur näheren Beobachtung und Pflege der Kranken die entsprechende Anzahl von Oberwärtern und Oberwärterinnen, Wärtern und Wärterinnen;

4) zur Besorgung der Wirthschaft, des Rechnungs- und Kassenwesens ein Verwalter, ein Oekonom und mehrere Hilfspersonen.

Jeder dieser Bediensteten erhält über seine Dienstobliegenheiten eine besondere Instruction, zu deren pünktlicher Befolgung derselbe handgelübblich zu verpflichten ist.

§ 6.

Jährlich soll wenigstens einmal durch einen Kommissär des Ministeriums des Innern und durch ein Mitglied des Obermedizinalraths gemeinschaftlich eine Dienstvisitation in der Anstalt vorgenommen werden.

Ueber das Ergebniß dieser Visitation erstatten beide Beamte einen gemeinschaftlichen Vortrag an das Ministerium des Innern.

III. **Bedingungen und Verfahren für die Aufnahme der Kranken.**

§ 7.

Die Anstalt ist zunächst für Inländer bestimmt.

Aufnahmsfähig ist:

1) wer an einer **heilbaren** Seelenstörung leidet;

2) wer von einer **unheilbaren** Seelenstörung befallen ist, in Folge deren der Kranke für sich oder Andere gefährlich, oder für die öffentliche Schicklichkeit anstößig oder völlig hilflos wird.

Kranke, die an einer unheilbaren Seelenstörung anderer Art leiden, können nur ausnahmsweise dann in die Anstalt aufgenommen werden, wenn und in so lange in derselben Raum vorhanden ist, und vollständiger Kostenersatz geleistet wird.

§ 8.

Nicht aufnahmsfähig sind:

1) Idioten, Cretine, Blödsinnige des höchsten Grades, Menschen, deren geistige und körperliche Entwicklung auf einer ganz niederen Stufe geblieben ist;
2) Seelengestörte, die zugleich epileptisch sind, es sei denn, daß die Epilepsie erst aus der Seelenstörung hervorgegangen und diese die vorwaltende Krankheit ist;
3) Seelengestörte, welche mit äußerlichen, in hohem Grade entstellenden und Abscheu erregenden oder ansteckenden Uebeln, als Krebs, allgemeiner Syphilis ꝛc., behaftet sind.

§ 9.

Die Aufnahme eines Kranken findet in der Regel nur auf Ansuchen der nächsten Anverwandten, oder wenn der Kranke minderjährig oder entmündigt ist, des Vormundes Statt.

Das Gesuch muß bei dem Bezirksamt des Wohnortes (ständigen Aufenthaltsortes) des Kranken entweder schriftlich eingereicht oder zu Protokoll gegeben werden; es muß die Erklärung enthalten:

ob die Nachsuchenden bereit sind, die normalmäßigen Unterhaltungskostenbeiträge aus des Kranken oder ihrem eigenen Vermögen oder Einkommen zu bezahlen und zwar für welche Verpflegungsklasse; sodann, wer diese Zahlungspflicht und überhaupt die Vertretung des Kranken in seinem Verhältniß zur Anstalt übernimmt, oder

warum sie nicht zahlungspflichtig zu sein glauben und wem ihrer Ansicht nach, zufolge der bestehenden Gesetze, die Unterstützung und Fürsorge für den Kranken obliegt.

Zu diesem Gesuche sind folgende Belege erforderlich:
1) ein von dem Gemeinderathe und dem Ortsgeistlichen als bürgerlichen Standesbeamten — von jedem, soweit es dessen Geschäftskreis betrifft — ausgestelltes Zeugniß über die Heimath, den Stand, das Religionsbekenntniß, das Alter (mit Angabe des Geburtstages), die Familien- und Vermögensverhältnisse des Aufzunehmenden.

Der Gemeinderath hat diesem Zeugnisse beizufügen, ob nach seiner Ansicht eine Seelenstörung vorliegt und auf welche Thatsache sich diese Ansicht gründet;

2) die Schilderung der Seelenstörung nach Anleitung des anliegenden Fragebogens*) durch einen licenzirten Arzt, in dessen Behandlung der Kranke steht.

Falls dieser nicht zugleich der Bezirksarzt ist, so muß die fünfte Frage des Fragebogens von diesem oder einem andern im öffentlichen Dienst stehenden Arzt beantwortet, oder die gegebene Beantwortung als mit seiner Ansicht übereinstimmend bestätigt werden.

Den Betheiligten wie dem Arzt steht es frei, die Schilderung der Seelenstörung unmittelbar an die Direktion der Anstalt einzusenden und dem (beim Bezirksamt einzureichenden) Aufnahmsgesuch nur einen Auszug aus derselben, enthaltend die Beantwortung der fünften Frage beizuschließen.

Das Bezirksamt hat von Dienstes wegen dafür zu sorgen, daß — soweit etwa die erforderlichen Belege nicht mit dem Aufnahmsgesuch übergeben werden — deren thunlichst rasche Nachlieferung erfolgt. Dasselbe ist ferner verpflichtet, alle Verhältnisse näher zu erörtern, die zu einem bestimmten Urtheil, namentlich auch in Betreff der Unterhaltungskosten nöthig sind.

*) Siehe Beilage Seite 89.

§ 10.

Das Bezirksamt übersendet sofort das in vorgeschriebener Weise begründete Aufnahmsgesuch mit allen Belegen der Direktion der Anstalt und fügt seine Ansicht darüber bei:

a. ob nach den erörterten Verhältnissen und gelieferten Nachweisen die Aufnahme des Kranken statthaft ist oder nicht;

b. ob, von wem, und in welchem Betrag nach den gepflogenen Verhandlungen ein Kostenersatz erhoben werden kann, oder ob gemäß dem nachstehenden Paragraphen die Verhandlungen zu Feststellung des Kostenersatzes noch vervollständigt werden müssen.

§ 11.

Durch das Verfahren zur genaueren Ermittelung der Vermögensverhältnisse des Kranken oder zur Bestimmung Desjenigen, welchem die Pflicht zu einem Kostenersatz für den Kranken obliegt, soll die Einsendung des Aufnahmsgesuchs, sowie die Verfügung der Aufnahme selbst nicht aufgehalten, vielmehr soll die Vervollständigung der Verhandlungen in dieser Beziehung nöthigenfalls später, nach erfolgter Aufnahme, bewirkt werden.

§ 12.

Die Direktion prüft die nach § 10 bei ihr eingekommenen Belege, erhebt nöthigenfalls alles dasjenige nach, was sie zur Abgabe einer bestimmten Erklärung für nöthig hält und stellt hierauf unter Anschluß der Akten Antrag an den Verwaltungshof darüber,

1) ob und in welche Verpflegungsklasse der Kranke aufgenommen werden soll.

2) ob, wem und in welchem Betrag nach den gepflogenen Verhandlungen eine Ersatzleistung wegen der Unterhaltungskosten auferlegt werden kann, oder welche weiteren Ver-

Handlungen zur Feststellung eines solchen gepflogen werden sollen.

In dringenden Fällen kann die Direktion bei Aufnahmsgesuchen, zu welchen die Angehörigen ihre Zustimmung gegeben haben, die fürsorgliche Aufnahme des Kranken anordnen.

Die wirkliche Verbringung des Kranken in die Anstalt aber darf, wenn nicht Gefahr auf dem Verzug steht, Seitens der Angehörigen nicht vollzogen werden, bevor die Direktion die fürsorgliche Aufnahme zugesagt hat.

Die Direktion wird diese Zusage nicht verweigern, wenn in dem desfalls an sie zu richtenden Gesuche die Dringlichkeit der Aufnahme durch Anführung von Thatsachen nachgewiesen und Seitens des Bezirksamts oder des Bezirksarztes bestätigt wird.

Die Einberufung des Kranken durch die Direktion wird in dringenden Fällen telegraphisch geschehen.

Hält die Direktion die Aufnahme des Kranken nicht für dringend, so kann sie die weitere Vorlage des Aufnahmsgesuchs von der vollständigen Erörterung der Vermögensverhältnisse abhängig machen.

§ 13.

Der Verwaltungshof beschließt über die Aufnahme des Kranken, die Verpflegungsklasse, in welche er einzureihen ist, und die Größe des zu leistenden Kostenersatzes, und beauftragt die Direktion der Anstalt, unter Rückgabe sämmtlicher Akten, mit dem weiteren Vollzug. Kann der Verwaltungshof den Kostenersatz nicht alsbald festsetzen, so ordnet er die dazu noch nöthige Vervollständigung der Verhandlung an.

§ 14.

Ohne Ansuchen der nächsten Anverwandten oder des Vormundes kann die Aufnahme eines Kranken Statt finden, wenn derselbe von einer Seelenstörung befallen ist, die ihn für sich oder

Andere gefährlich, für die öffentliche Schicklichkeit anstößig oder gänzlich hilflos macht.

In einem solchen Falle hat das Bezirksamt, in dessen Bezirk der Kranke sich aufhält,

1) die Zeugen, welche über den Zustand des Kranken Auskunft geben können, zu vernehmen,
2) die Lokalstellen darüber zu hören, ob der Kranke nicht in anderer Weise, als durch Aufnahme in die Anstalt passend untergebracht werden kann,
3) das im § 9 unter Ziffer 1 erwähnte Zeugniß und
4) die im § 9 unter Ziffer 2 erwähnte Schilderung zu erheben.

Das Bezirksamt theilt sämmtliche Erhebungen unter Beifügung seiner eigenen Ansicht der Direktion der Anstalt mit dem Ansinnen mit, sich darüber auszusprechen, ob sie die Aufnahme für begründet hält. Bejaht die Direktion diese Frage, so hat das Bezirksamt nach Berathung mit dem Bezirksrath über die Aufnahme zu entscheiden. Wird dieselbe verfügt, so ist der Direktion sofort zum Vollzug Kenntniß zu geben und gleichzeitig dem Verwaltungshof Anzeige zu machen.

§ 15.

Auch in dem Falle, wo die Aufnahme eines Kranken nach Maßgabe des vorstehenden Paragraphen verfügt wurde, wird die Klasse, in welcher der Kranke verpflegt werden soll, sowie der für dessen Unterhaltung zu leistende Beitrag von dem Verwaltungshof festgesetzt. Das Bezirksamt hat daher nach Eröffnung seiner Entscheidung die zur Bemessung des Beitrags erforderlichen Nachweisungen, soweit sie nicht durch die gepflogenen Verhandlungen gegeben sind, zu erheben und sodann die Akten der Direktion der Anstalt mitzutheilen, welche dieselben mit ihrem Antrag dem Verwaltungshof vorlegt.

§ 16.

Die über jede einzelne Aufnahme erwachsenen Akten hat die Direktion, sobald sie bei ihr entbehrt werden können, dem Ministerium des Innern vorzulegen. Dieses wird sich durch Einsicht der Akten fortwährend in Ueberzeugung davon erhalten oder nöthigenfalls darauf hinwirken, daß bei Behandlung der Aufnahmen die Vorschriften des Statuts durchgängig eingehalten werden.

Dem Ministerium bleibt es vorbehalten, wenn es eine von dem Verwaltungshof oder einem Bezirksamt erlassene Aufnahmsverfügung nicht für begründet erkennt, sie aufzuheben. Auch kann es die Bestimmung über den Kostenersatz ändern.

Die Aufnahmsakten gibt das Ministerium sobald als thunlich der Direktion der Anstalt zurück, bei welcher sie aufbewahrt werden.

§ 17.

Ausländer können in die Anstalt nur aufgenommen werden, wenn der vorhandene Raum nicht durch Inländer in Anspruch genommen wird.

Das Gesuch um Aufnahme eines Ausländers muß ebenfalls von den nächsten Anverwandten oder dem Vormunde ausgehen. Die schriftliche Ausfertigung des Gesuchs muß von der zuständigen Staatsbehörde beglaubigt sein. Als Belege dazu sind erforderlich:

a. eine Nachweisung über die Heimath des Kranken, über Alter (Geburtstag), Religion und Stand.

   Diese Nachweisung kann übrigens in das Aufnahmsgesuch selbst aufgenommen werden.

b. eine durch einen Arzt zu liefernde Krankheitsgeschichte. Hierin ist besonders darzulegen, ob und aus welchen Gründen die Krankheit für heilbar gehalten wird, da in der Regel die Aufnahme nur Statt finden soll, wenn Aussicht auf Heilung vorhanden ist.

c. entweder eine Urkunde, wornach für die Kostenzahlung ein vermöglicher Inländer sich verbürgt, oder die Nachweisung der erfolgten Hinterlegung einer mindestens dem vierteljährigen Kostenbetrag gleichkommenden Summe.

Das Ministerium des Innern kann aus besonderen Gründen von Beibringung des einen oder andern dieser Belege Nachsicht gestatten.

Hält ein seelengestörter Ausländer sich im Inlande auf, welcher sich oder Andern gefährlich, oder für die öffentliche Schicklichkeit anstößig oder völlig hilflos ist, so kann das Ministerium des Innern, auch ohne daß die Aufnahme in die Anstalt durch die Angehörigen des Kranken nachgesucht wird, dessen fürsorgliche Verbringung in dieselbe mittelst staatspolizeilicher Verfügung anordnen.

§ 18.

Die Aufnahmsgesuche für Ausländer werden unmittelbar bei der Direktion der Anstalt eingereicht und von dieser mit bestimmtem Antrag dem Ministerium des Innern vorgelegt, welches sowohl über die Aufnahme, als über die Verpflegungsklasse und den Kostenersatzbetrag entscheidet.

§ 19.

Alle Behörden und Beamten, welche zu einer Aufnahme in die Anstalt mitzuwirken haben, werden angewiesen:

1) die Angehörigen der zur Aufnahme geeigneten Kranken zu belehren, daß in der Regel ein methodisches Heilverfahren bei Seelenstörungen um so mehr Hoffnung eines günstigen Erfolges gewährt, je zeitiger dasselbe nach dem Ausbruch der Krankheit eintritt und je früher der Kranke dem Einfluß seiner Verhältnisse entrückt und einer Heilanstalt übergeben wird;

2) in Betracht dieser Erfahrung, besonders bei heilbaren Kranken, alle das Aufnahmegesuch eines Kranken berührenden Geschäfte, soviel als immer möglich, zu beschleunigen;

3) bei Aufnahmen unheilbarer Kranken sorgfältig zu ermitteln, ob die zu einer solchen Aufnahme erforderliche Gefährlichkeit oder Hilflosigkeit des Kranken nicht blos vorgeschützt wird, und ob die Lokalvorsorge wirklich unzureichend ist. Eine genaue Feststellung dieses Punktes ist aus dem Grunde wünschenswerth, weil sonst die Anstalt durch Mißbrauch verhindert werden könnte, ihre eigentliche Bestimmung zu erfüllen;

4) wenn ein Seelengestörter, der keine Angehörigen hat, oder dessen Angehörige seine Aufnahme in die Anstalt nicht nachsuchen, sich oder Andern gefährlich, oder für die öffentliche Schicklichkeit anstößig, oder gänzlich hilflos ist, davon dem Bezirksamte die Anzeige zu machen, damit dieses erforderlichen Falls von Amtswegen einschreite.

§ 20.

Die Bezirksämter haben die Pflicht, dafür zu sorgen, daß gefährliche Seelengestörte mit möglichster Schonung ohne Verzug in ihrer Heimath in der Weise untergebracht werden, daß die Gefahr thunlichst abgewendet wird. Ist der Fall der Art, daß das Bezirksamt die unverzügliche Aufnahme des Kranken in die Anstalt für nöthig oder angemessen hält, so kann dieselbe mit Zustimmung der Direktion fürsorglich stattfinden. Die nach den vorstehenden Bestimmungen zur endgiltigen Aufnahme nöthigen Verhandlungen müssen aber gleichzeitig eingeleitet werden.

IV. Verbringung in die Anstalt.

§ 21.

Die Direktion hat die Kranken, deren Aufnahme in die Anstalt genehmigt ist, nach Maßgabe der Dringlichkeit mittelst Schreibens an das Bezirksamt einzuberufen, und den Bezirksarzt davon zu benachrichtigen. Das Bezirksamt hat sodann durch den Bürgermeister des bezüglichen Ortes, oder durch die Angehörigen des Kranken für dessen ungesäumte Verbringung in die Anstalt zu sorgen, und die Direktion derselben von der bevorstehenden Ankunft des Kranken rechtzeitig in Kenntniß zu setzen. Der Bezirksarzt hat selbst oder durch Vermittelung des Hausarztes die für jeden einzelnen Fall nöthige Vorschrift über die Art der Verbringung und über die Behandlung während der Reise zu ertheilen.

Die Reisekosten werden aus dem Vermögen des Kranken bestritten. Bei Unvermöglichen hat die Heimathsgemeinde die Pflicht, die Kosten der Verbringung des Kranken in die Anstalt zu tragen. In zweifelhaften Fällen hat sie die Kosten vorzuschießen.

§ 22.

Jedem Kranken muß ein mit seinen Verhältnissen vertrauter zuverlässiger Begleiter, der den Anstaltsärzten Auskunft zu ertheilen vermag, auf die Reise beigegeben werden.

§ 23.

Kleidungsstücke sind nach dem Stande des Kranken mitzugeben. Das Wenigste, was derselbe mitzubringen hat, ist ein vollständiger guter Anzug mit einfacher Kopf= und Fußbekleidung; dazu **drei Hemden, drei Paar Strümpfe und drei Taschentücher.** Diejenigen, welche die Aufnahme nachsuchen, haben dafür zu sorgen, daß das Vorgeschriebene vorhanden sei, wenn die Aufnahmsverfügung eintrifft.

Fehlt etwas, so wird es auf Kosten der Zahlungspflichtigen durch die Anstalt angeschafft.

§ 24.

Von dem Hausarzt oder der einliefernden Behörde ist dem Begleiter ein versiegeltes Schreiben an die Direktion der Anstalt mit dem Namen des Kranken und des Begleiters, mit Angabe des Tags ihrer Abreise und mit einem Verzeichniß der mitgegebenen Effekten zuzustellen. Von der Direktion wird über die erfolgte Einlieferung ein Protokoll aufgenommen, und Bescheinigung sowohl dem Begleiter als dem Bezirksamte ertheilt. Auch hat die Direktion über die vollzogene Aufnahme dem Verwaltungshof Anzeige zu machen.

V. Behandlung der Kranken in der Anstalt.

§ 25.

Die Kranken unterliegen, so lange sie in der Anstalt sind, in allen ihren Lebensverhältnissen den Anordnungen der Direktion.

Die dem gesammten Dienstpersonal ertheilten Vorschriften und die Ueberwachung dieses Personals durch die Beamten der Anstalt, sowie durch die vorgesetzten Staatsbehörden, sichern eine zweckmäßige Behandlung der Kranken und die Geheimhaltung ihrer Krankheitszustände.

§ 26.

Die sorgfältige menschenfreundliche Behandlung der Kranken bildet die erste Pflicht aller Angestellten der Anstalt. Wo Beschränkung eines Kranken in seiner Lebensweise nöthig wird, soll dieselbe genau nach dem klar erkannten unumgänglichen Bedürfniß bemessen und mit der thunlichsten Schonung und Heilighaltung der Menschenwürde geübt werden.

Zu den wesentlichen Mitteln, durch welche die Anstalt heilsam auf die Verpflegten einzuwirken suchen wird, gehört eine den gesammten Dienst und alle häuslichen Einrichtungen beherrschende strenge Ordnung, sodann eine angemessene, den verschiedenen Zuständen und Verhältnissen der Verpflegten entsprechende Beschäftigung derselben, wozu in dem großen Haushalt, in den mannichfachen Werkstätten, in der eigenen Oekonomie und auf dem zu Garten, Feld und Wald angelegten, hinreichend isolirten Gebiete der Anstalt reiche Gelegenheit vorhanden ist.

Zu diesen Mitteln gehören ferner Aufmunterungen durch Geschenke, welche unvermöglichen Kranken aus den dazu bestimmten Fonds der Anstalt gewährt werden, sodann in passender Abwechselung mit der Arbeit eine erheiternde Unterhaltung durch Unterricht, Lektüre, musikalische Uebungen, Spiele, Spaziergänge und dergleichen.

§ 27.

Die Kranken werden gemäß ihren gewöhnten Lebensbedürfnissen in drei verschiedene Verpflegungsklassen eingereiht, die sich in Betreff der Wohnung und Kost unterscheiden. Uebrigens haben die Kranken aller Verpflegungsklassen gleichen Antheil an den vorhandenen Mitteln zur Bewirkung ihrer Heilung, und auf alle soll der Fleiß und die Aufmerksamkeit der Beamten und insbesondere der Aerzte in gleichem Maaße gerichtet sein.

Außer den obengenannten drei Verpflegungsklassen besteht für wohlhabende Kranke aus den höheren Ständen noch eine Abtheilung (Klasse der Pensionaire), in welcher auf Verlangen der Angehörigen auch weiter gehenden Lebensansprüchen dieser Stände — soweit der Zweck der Anstalt nicht entgegensteht — Rechnung getragen wird.

§ 28.

Für die Verpflegung und ärztliche Behandlung der inländischen Kranken werden Unterhaltungskostenbeiträge erhoben, und zwar in Aversalsummen, welche für jede einzelne Verpflegungsklasse von dem Ministerium des Innern von Zeit zu Zeit festgesetzt und öffentlich bekannt gemacht werden *).

Für inländische Pensionäre kann bei gesteigerten Anforderungen ein höheres Aversum zwischen den Angehörigen und der Direktion verabredet werden, welches der Genehmigung des Verwaltungshofes unterliegt.

§ 29.

Von vermöglichen inländischen Kranken wird die festgesetzte Aversalvergütung vollständig in Anspruch genommen.

Zur Deckung der Forderung der Anstalt soll übrigens, während der Kranke in derselben ist, nur das jährliche Einkommen erhoben, das Kapitalvermögen des Kranken dagegen nicht angegriffen werden. Jedoch werden die aus dem Einkommen nicht befriedigten Ansprüche der Anstalt in deren Büchern als Forderung nachgeführt. Erschöpft diese Forderung das Vermögen des Kranken, so kommt die Bestimmung des folgenden Paragraphen in Anwendung.

Ist ein Kranker endgiltig entlassen (§ 40) oder mit Tod abgegangen, so hat das Ministerium des Innern im einzelnen Falle zu entscheiden, in wie weit die Anstalt ihre Forderung auf das Vermögen des Kranken geltend machen oder nachlassen soll.

§ 30.

Für unvermögliche inländische Kranke haben die Personen, Gemeinden und Stiftungen einzutreten, welche nach den bestehenden Vorschriften der Armenversorgung für den Kranken zu sorgen haben. Sie sollen aber mit keiner höheren Summe angezogen werden, als sie für den Kranken auch außerhalb der Anstalt aufzuwenden hätten, um ihn seinem Krankheitszustand gemäß zu verpflegen.

Ueberdies kann wenig bemittelten Gemeinden und Stiftungen, sowie wenig bemittelten Angehörigen von Kranken, die von

---

*) Siehe Verfügung des Großh. Ministeriums des Innern S. 95.

der Direktion der Anstalt für heilbar erkannt werden, kostenfreie Verpflegung für die ersten 6 Monate gewährt werden, wenn in der Betreibung der Aufnahme nichts versäumt worden ist.

§ 31.

Ausländer sollen nur in die Klasse der Pensionaire und in die erste Klasse aufgenommen werden.

Sie haben in allen Fällen höhere Aversalvergütung zu entrichten, als die Inländer.

§ 32.

Die Anstalt gewährt für die festgesetzten Aversalvergütungen in allen Klassen vollständige freie Verpflegung mit Wäsche, gewöhnlicher Wartung, ärztlicher Behandlung und Arznei, Befriedigung der religiösen Bedürfnisse, zweckmäßige Beschäftigung und Theilnahme an den gewöhnlichen Vergnügungen.

Besonders aufgerechnet werden für vermögliche Kranke Kleider, außerordentliche Bedürfnisse, Spazierfahrten, eigene Wärter oder besondere Ansprüche an Bedienung ꝛc.

Auch hiefür kann übrigens zwischen den Angehörigen und der Direktion ein von dem Verwaltungshof zu genehmigendes Aversum verabredet werden.

Für die Arbeit der Kranken, welche lediglich dem Heilzweck untersteht, kann eine Vergütung Seitens der Unterhaltungspflichtigen nicht in Anspruch genommen werden.

§ 33.

Die Verpflegungsklasse, in welche ein Kranker bei seiner Aufnahme eingereiht wird, kann mit Genehmigung derjenigen Behörde, welche die Klasse bestimmt hat, jederzeit geändert werden. Bei vermöglichen Kranken wird man dabei die Wünsche der Angehörigen thunlichst berücksichtigen. Von den Aenderungen hat die Direktion in jedem einzelnen Fall das Ministerium des Innern durch Vorlage der Akten in Kenntniß zu setzen. Vorübergehende Abweichungen von der für eine bestimmte Klasse vorgeschriebenen Verpflegung kann die Direktion, wenn sie solche aus Rücksicht für den Heilzweck für angemessen erachtet, selbst verfügen, ohne daß dies Einfluß auf die Vergütung der Kosten hat.

§ 34.

Für einen entlassenen Kranken werden die Kosten nur bis zum Tage der versuchsweisen Entlassung berechnet, für einen in der Anstalt gestorbenen bis zum Todestage. Die Kosten für die standesgemäße Beerdigung werden besonders aufgerechnet und wie die Verpflegungskosten eingehoben.

§ 35.

Der Verkehr der Kranken mit ihren Angehörigen oder überhaupt mit Auswärtigen und der Verkehr der Letztern mit den Kranken durch Briefe Geschenke oder Besuche unterliegt in jedem einzelnen Falle der Billigung der Direktion, mit der sich deshalb zu benehmen ist.

§ 36.

Auf alle mündlichen und schriftlichen Anfragen über das Befinden der Kranken wird von der Direktion bereitwillige Auskunft ertheilt, jedoch nur an solche Personen oder Behörden, welche zu Anfragen berechtigt sind.

Ueberhaupt wird über jeden Kranken, auch wenn nicht angefragt wird, den Angehörigen einmal im Jahre Nachricht gegeben und jedes außerordentliche Ereigniß besonders mitgetheilt.

§ 37.

Der Eintritt von Fremden in die für die Verpflegten bestimmten Räume der Anstalt ist von der Erlaubniß des Direktors abhängig. Diese darf nie zur blosen Befriedigung der Neugierde gegeben, wird aber solchen Personen, welche ein höheres wissenschaftliches oder Berufsinteresse haben, nicht erschwert werden.

Der Direktor ist dafür verantwortlich, daß bei dieser Zulassung von Fremden jeder störende oder nachtheilige Einfluß auf die Verpflegten auf's Sorgfältigste vermieden werde.

VI. Abgang aus der Anstalt.

§ 38.

Die genesenen, gebesserten und die unschädlich gewordenen Kranken werden von der Direktion der Anstalt versuchsweise entlassen. Der Direktor ist verantwortlich dafür, daß kein Kranker länger als erforderlich in der Anstalt zurückgehalten werde. Die Angehörigen und die Gemeinden dagegen sind verbunden, die von der Direktion einige Zeit zuvor zur Entlassung angemeldeten Kranken zurückzunehmen, oder ihre Bedenken dagegen der Direktion mitzutheilen. Hält diese die Bedenken nicht für begründet, so hat sie die Entscheidung derjenigen Stelle einzuholen, welche die Aufnahme verfügt hat.

§ 39.

Die Direktion wird darüber, wie die versuchsweise Entlassenen zu behandeln sind, in jedem einzelnen Falle dem Haus- oder Bezirksarzte, dem Bürgermeister und dem Ortsgeistlichen nähere Mittheilung zugehen lassen, deren genaue Beachtung den Betheiligten um so mehr empfohlen wird, als eine sorgsame Behandlung zur Verhütung der nicht selten die Unheilbarkeit herbeiführenden Rückfälle unerläßlich ist.

Wo ein Verein zur Unterstützung entlassener Pfleglinge besteht, haben ihm die Bezirks- und Lokalstellen jeden möglichen Vorschub zu leisten.

§ 40.

Die Verwandten, Pfleger oder Behörden, welche die Aufnahme des Kranken in die Anstalt veranlaßt haben, sind verpflichtet, die Direktion der Anstalt von dem Befinden und Benehmen des Entlassenen erstmals vier Wochen nach seiner Ankunft zu Hause, und sodann von drei zu drei Monaten zu unterrichten. Diesen Nachrichten ist auf Verlangen der Direktion ein Zeugniß des behandelnden Arztes oder des Bezirksarztes anzufügen.

Die Direktion spricht nach 4 eingegangenen Berichten, also nach 10 Monaten, entweder die endgiltige Entlassung aus, oder die Verlängerung der probeweisen und zwar nach Befund jeweils um ein Jahr.

Während der Dauer der letzteren sind die oben bezeichneten Mittheilungen über das Befinden des Entlassenen von drei zu drei Monaten fortzusetzen.

§ 41.

Wird während der Dauer der blos versuchsweisen Entlassung die Wiederaufnahme in die Anstalt von dem Bezirksarzt für nothwendig erkannt, so kann diese von der Direktion verfügt werden, wenn

entweder die Angehörigen die Zustimmung dazu geben,

oder — in Fällen, wo die Aufnahme auf Grund des § 14 erfolgte — das Bezirksamt im Interesse der öffentlichen Sicherheit oder Schicklichkeit sich dafür ausspricht.

Auch bei der Wiederaufnahme ist das Bezirksamt gehalten, die Direktion der Anstalt von der bevorstehenden Ankunft des Kranken rechtzeitig in Kenntniß zu setzen.

§ 42.

Den Angehörigen eines Kranken, von welchen dessen Aufnahme in die Anstalt veranlaßt worden, steht es frei, denselben zurückzufordern.

Das desfallsige Gesuch ist durch Vermittelung des Bezirksamts, welches bei der Aufnahme mitgewirkt hat, an die Direktion der Anstalt gelangen zu lassen.

§ 43.

Wird ein Pflegling aus der Anstalt entlassen, so hat die Direktion zu ermessen, ob ihm gestattet werden kann, allein zu reisen oder ob eine Begleitung erforderlich ist.

Er erhält einen von der Direktion auszustellenden Entlassungsschein, sowie das nöthige Reisegeld.

Ueber die Entlassung macht die Direktion gleichzeitig Mittheilung an das Bezirksamt der Heimathsgemeinde des Entlassenen.

Die Ankunft desselben in der Heimath ist der Direktion von dem Bezirksamt anzuzeigen.

§ 44.

Stirbt ein Pflegling in der Anstalt, so wird das Bezirksamt durch die Direktion davon benachrichtigt und um alsbaldige Mittheilung an das Amtsgericht zur Vornahme etwa nöthiger Amtshandlungen angegangen.

Die Beerdigung wird von der Direktion nach dem Stande des Gestorbenen angeordnet; Tag und Stunde derselben wird den Angehörigen mitgetheilt.

§ 45.

Jede versuchsweise Entlassung und ihre Verlängerung und jeder endgiltig erfolgende Abgang von Kranken, sowie jede Wiederaufnahme eines versuchsweise Entlassenen wird von der Direktion dem Verwaltungshof angezeigt.

§ 46.

Bei den Visitationen der Anstalt, die nach § 6 dieses Statuts Statt zu finden haben, ist insbesondere auch die Frage zu untersuchen, ob Niemand als Kranker in der Anstalt zurückgehalten wird, der füglich entlassen werden könnte.

Karlsruhe, den 21. März 1865.

Großherzogliches Ministerium des Innern.

A. Lamey.   Vdt. Goll.

Beilage.

Fragebogen.

Von dem Arzte zu berücksichtigende und zu erörternde Verhältnisse über den in die Heil- und Pflegeanstalt Illenau aufzunehmenden Kranken.

1) Vor- und Zuname des Kranken, dessen Alter (Geburtstag und Jahr), Religion, Geburts- und Wohnort (Amt).
2) Name, Stand und Religion der Eltern und Geschwister; Charakter, Gesundheitsverhältnisse, etwaige Krankheiten und Todesart derselben, Anlage zu ähnlichen Krankheiten bis zu den Großeltern, Geist, der in der Familie herrscht, wichtigere Ereignisse in derselben.
3) Geschichte des Körper- und des Seelenlebens des Kranken vor der Seelenstörung.
    a. Zufälle während der Schwangerschaft der Mutter des Kranken und seiner Geburt, dessen Kinder-, Entwickelungs- und spätere (auch heimliche) Krankheiten.

    Erscheinungen beim Eintritt der Pubertät, bei seelengestörten Müttern während der Schwangerschaft und des Wochenbettes 2c.
    b. Anlagen und Richtung des Geistes und Gemüths, Eigenthümlichkeiten des Charakters, Erziehung, Stand, Lieblingsbeschäftigung, Umgang, Moralität und Religiosität. Gerichtliche Untersuchungen, denen der Kranke etwa schon ausgesetzt war. Lebensweise, Maß im Essen und Trinken, der natürlichen oder unnatürlichen Geschlechtsverrichtungen, ökonomische und eheliche Verhältnisse, ob Kinder? wie viele und welcher Art?

c. Zusammenstellung der Momente, welche nach dem Urtheil des referirenden Beobachters die ursächlichen sind, prädisponirende (erbliche Anlage) oder excitirende, sodann physische; Leiden einzelner Eingeweide, Beschädigungen durch Stoß oder Fall, Kongestionen, unterdrückte oder zu reichliche Ausleerungen, Hämorrhoiden, Ausschläge, Fußschweiße, Geschwüre ꝛc. oder moralische: Kummer über Unglücksfälle, fehlgeschlagene Projekte, Schwärmerei, wichtige Veränderungen im Leben des Kranken, Ausschweifungen ꝛc.

4) Geschichte der Krankheit und ihrer Behandlung, der Vorläufer, der allmäligen Entwickelung, mit genauer Angabe der Zeit des ersten Ausbruchs, des weiteren Verlaufs in Beziehung auf Leib und Seele, des Typus der Krankheit, der Paroxysmen, der freien Zwischenzeiten und ihrer Dauer. Angabe der Verhältnisse beim Wachen, Schlafen, Träumen, bei den Sinnes- und Geschlechtsverrichtungen (der Menstruation), dem Blutumlauf, dem Herz- und Arterien-Schlag, Athmen, der Temperatur und Farbe des Körpers und seiner einzelnen Theile, dem Hunger und Durste, der Verdauung und Ernährung, den verschiedenen Se- und Excretionen, der Reinlichkeit, Komplikation mit Lähmung (parzieller), mit Epilepsie oder anderen körperlichen Leiden oder Schäden, spezielle Form der Seelenstörung, Zustand der geistigen Vermögen, beim Blödsinn: „Grad desselben", Sinnestäuschungen (Stimmenhören, Funkensehen, Riechen ꝛc.), fixe Ideen und die mit denselben bestehenden übrigen Alienationen des Gemüthes, Exaltation oder Depression, Neigung zum Selbstmord, zu Gewaltthätigkeiten, zum Entweichen, Benehmen des Kranken überhaupt, Veränderungen im Gang, Gebehrden,

Sprache, Lebensweise, Betragen gegen Angehörige und Fremde. Verschiede Entwickelungsperioden der Krankheit und gegenwärtiger Zustand derselben. Vorgenommene Kurmethode, somatische und psychische und deren Erfolg. Angabe der Lokalität, in welcher der Kranke bisher verwahrt wurde, der angewandten Zwangsmittel und Behandlung, die er zu Hause und von seiner Umgebung erfahren. Ansicht des seitherigen Arztes in prognostischer und therapeutischer Hinsicht.

5) Gutachten über die Aufnahmsqualifikation. Dasselbe muß die im § 7 aufgestellten Aufnahmsbedingungen nachweisen, insbesondere

    a. wenn die Aufnahme für Heilbare verlangt wird, ob ein Heilversuch in der Anstalt Erfolg verspricht, ob dazu die Anstalt nothwendig ist, oder ob die örtlichen Verhältnisse ausreichen;

    b. wenn Unheilbare aufgenommen werden sollen, ob die Gefährlichkeit für sich oder andere, die Verletzung der öffentlichen Schicklichkeit oder die Hilflosigkeit in einem Grade besteht, daß diesen Uebelständen in der Heimath des Kranken nicht begegnet werden kann.

Dabei ist zu bemerken, ob die angeführten Thatsachen dem Arzte aus eigener Wahrnehmung bekannt, oder durch Andere mitgetheilt worden sind.

Anmerkung 1. Bei Beantwortung dieser Fragen sind die Fragen selbst nicht zu wiederholen, sondern ist sich nur auf die betreffende Nummer (ad 1, 2 ꝛc.) zu beziehen.

Anmerkung 2. Die anerkannten Schwierigkeiten in der Erforschung und Behandlung von Seelengestörten werden für die Aerzte einer solchen Anstalt dadurch noch erhöht, daß ihnen diese Kranken sammt allen ihren Lebens- und Familienverhältnissen

meist ganz fremd sind, daß man von ihnen selbst häufig statt
Aufschluß nur Täuschungen erhält, während doch gerade hier eine
genaue Kenntniß aller Umstände, durch welche die in der Regel
ganz allmälige Entwickelung des Irrseins bedingt wird, von so
großem Werthe ist. Aus den Beschwerden der Kranken über er-
littene Kränkungen, Verfolgungen ꝛc. kann der Anstaltsarzt das
Wahre oder Eingebildete nicht entnehmen, und alsdann auch nicht
mit Sicherheit dagegen auftreten. Sachkundige Geistliche und
Aerzte werden daher in den hier vorgelegten Fragen gewiß keine
Weitläufigkeit, sondern nur aus der Erfahrung hervorgegangene
Andeutungen erkennen, sie werden, jeder in seiner Sphäre, wesentlichen, hier kaum berührten Erscheinungen, welche z. B. das
Hautorgan, das Auge ꝛc. darbietet, dem Zusammenhang des
physischen Leidens mit Krankheiten einzelner Organe oder Systeme,
der Wirkung einzelner Leidenschaften und Affekte ꝛc. eine weitere
Aufmerksamkeit widmen und durch ein, selbst die frühesten Zeiten
des Kranken, sein Leibliches wie sein Geistiges umfassendes
Examen, von den Angehörigen Alles zu erheben suchen, was für
den Arzt der Anstalt von Werth sein kann, wohin außerdem noch
wörtliche Mittheilungen von Antworten des Kranken und sodann
vorzüglich die eigenen Ansichten des seitherigen Beobachters zu
rechnen sind.

Verordnung.

Die Beiträge zu den Kosten für die Unterhaltung der Kranken in der Heil- und Pflegeanstalt Illenau betreffend *).

Mit Beziehung auf § 31 **) des Statuts der Heil- und Pflegeanstalt Illenau (Reg.-Bl. Seite 171 von 1843) wird, unter Aufhebung der Verordnung vom 24. November 1851 (Regierungsblatt Seite 709 von 1851), mit höchster Genehmigung Seiner Königlichen Hoheit des Großherzogs aus Großherzoglichem Staatsministerium vom 15. d. M., Nr. 1275, verfügt:

Die Unterhaltungskostenbeiträge für inländische vermögliche Pfleglinge der Heil- und Pflegeanstalt Illenau werden vom 1. Januar 1863 an in folgender Weise festgesetzt:

für die Pensionäre auf jährlich . . . . 750 fl.
für die erste Klasse auf jährlich . . . 500 bis 650 fl.
für die zweite Klasse auf jährlich . . . 300 bis 450 fl.
für die dritte Klasse auf jährlich . . . 160 bis 200 fl.

Für die Verpflegung in der ersten Klasse sind in der Regel 550 fl. in Anspruch zu nehmen und für jene in der zweiten Klasse 350 fl.

In Ausnahmefällen, wo nämlich das Einkommen oder Vermögen des Kranken oder der Unterstützungspflichtigen eine Ermäßigung wünschenswerth erscheinen läßt, oder eine Erhöhung zuläßt, ist die Behörde befugt, die eine oder die andere innerhalb der bezeichneten Grenzen eintreten zu lassen.

*) Regierungsblatt vom 31. December 1862, Nro. **LXIV**.
**) § 28 des neuen Statuts.

Für die dritte Klasse besteht das in der Regel zu erhebende Aversum in dem oben angegebenen niedersten Betrag von 160 fl. jährlich. Bei günstigen wirthschaftlichen Verhältnissen ist nach Umständen eine höhere Summe (bis zu 260 fl.) in Anspruch zu nehmen.

Die erleichternde Bestimmung des § 33 des Statuts, wonach nur das Einkommen eingezogen, der Vermögensstock aber nicht angegriffen werden soll, bleibt übrigens fortan in Kraft.

In der Aversalvergütung der dritten Klasse sind die Kleidungsstücke nur dann inbegriffen, wenn dies ausdrücklich ausgesprochen wird. Die entgegenstehende Bestimmung des dritten Satzes im § 35 des Statuts wird aufgehoben.

Die Erhebung besonderer Beiträge für die höhere Administration findet künftig nicht mehr statt.

Ausländische Kranke werden, wie bisher, nur in die beiden obersten Verpflegungsklassen aufgenommen. Das Ministerium des Innern bestimmt in jedem einzelnen Falle die von denselben in Anspruch zu nehmende Vergütung. Sie soll für Pensionäre nicht unter 1000 fl. und für Kranke erster Klasse nicht unter 750 fl. jährlich betragen.

Karlsruhe, den 18. Dezember 1862.

Großherzogliches Ministerium des Innern.

A. Lamey.

Vdt. Goll.

Hausordnung

für die Grossh. Heil- und Pflege-Anstalt Illenau.

A. Allgemeine Bestimmungen.

I. Hauptaufgaben.

§ 1.

Illenau ist eine Krankenanstalt.

Auf das Wohl der Kranken hinzuwirken, ist die Aufgabe jedes Angestellten. Die Leitung führt der erste Arzt als Direktor oder dessen ärztlicher Stellvertreter.

§ 2.

Die allgemeinste Vorschrift für alle Angestellten ist Uebung der Liebe, Geduld und Schonung gegen Alle. Für jeden einzelnen Kranken sind, da dem Einen schaden kann, was dem Andern nützt, besondere Vorschriften nöthig, die nicht im Voraus gegeben werden können, und deßhalb jedesmal besonders einzuholen sind.

§ 3.

Das Eigenthum der Anstalt wie der Kranken muß gewissenhaft beachtet werden.

Eigenmächtige Zueignung auch des geringsten Gegenstandes und selbst die bloße Benützung fremden Eigenthums, wie z. B. von Kleidern der Kranken, wird strenge geahndet. Jeder muß mit dem, was den Kranken und der Anstalt gehört, auf das Schonendste umgehen. Jeder an seiner Stelle muß auf Ersparnisse für die Anstalt bedacht sein.

II. Eintritt der Kranken in die Anstalt.

§ 4.

Die Ankunft eines Kranken und seiner Begleiter, welche in dem hierzu bestimmten Zimmer abtreten, wird sogleich dem Direktor und den übrigen Beamten gemeldet, worauf ein Arzt den Kranken empfängt und ihn dem Oberaufseher (Oberaufseherin) übergibt.

§ 5.

Der Begleiter wird von einem Arzte und dem Hausgeistlichen über die früheren Verhältnisse des Kranken, sein letztes Befinden und sein Benehmen auf der Reise vernommen. Das Ergebniß bildet eine Beilage der Krankengeschichte. Die Kleider und sonstigen Fahrnisse des Kranken werden vom Verwalter verzeichnet und dem Begleiter bescheinigt.

§ 6.

Jeder neu aufgenommene Kranke ist in die Verköstigungs- und Personalstandstabelle sogleich einzutragen. Seine Effekten sind dem Oberaufseher (der Oberaufseherin) und durch diese dem betreffenden Wärter gegen Bescheinigung zu übergeben, wenn er nicht von der Anstalt Kleider erhalt.

§ 7.

Neuaufgenommene erhalten — wenn nicht eine andere Weisung ertheilt wird — zuerst ein Zimmer allein, und werden von den übrigen Kranken im Anfang abgesondert. Finden die Wärter, daß sie Gegenstände von Werth oder gefährliche Instrumente bei sich führen, so haben sie sogleich davon Anzeige zu machen.

§ 8.

Der Oberaufseher (die Oberaufseherin) und durch diese die betreffenden Wärter erhalten, so weit es erforderlich ist, den nöthigen Aufschluß über die früheren Verhältnisse des Kranken und über seine Krankheit, und haben bei aller Sorge für eine möglichst genaue Beobachtung neugieriges Beschauen und Ausfragen des Ankömmlings zu vermeiden und zu verhindern.

III. Verkehr der Kranken nach Außen.

§ 9.

Der Verkehr der Kranken nach Außen hängt von den Bestimmungen des Direktors ab. Paquete, Briefe und Aufträge von ihnen und an sie dürfen nur mit dessen Erlaubniß bestellt werden. Auf Spaziergängen dürfen die Kranken nicht mit Bekannten und anderen Personen, insbesondere nicht mit Personen des anderen Geschlechts verkehren, und sollte es dennoch stattgefunden haben, so ist dem Direktor Anzeige davon zu machen. Auf den Spaziergängen innerhalb des Gebiets dürfen die Männer nicht die Frauenseite und die Frauen nicht die Männerseite betreten. Auswärts sind besuchte Orte zu vermeiden.

§ 10.

Durch unzeitige Mittheilung von Neuigkeiten, von Vorfällen aus den anderen Abtheilungen der Anstalt, oder von der Außenwelt, namentlich den Familien der einzelnen Kranken, werden diese oft aufgeregt und verschlimmert, daher Alle, welche mit Kranken in Berührung kommen, aller solcher Erzählungen ohne besondere Erlaubniß des Direktors sich zu enthalten haben.

§ 11.

Alle schriftlichen oder mündlichen Anfragen über Kranke müssen dem Direktor mitgetheilt, und dürfen nur mit dessen Genehmigung beantwortet werden.

§ 12.

Die Angestellten der Anstalt dürfen über die Kranken und über das, was sie reden oder thun, auswärts Nichts aussagen. Verschwiegenheit über den Dienst wird von allen Angestellten, auch wenn sie denselben verlassen haben, gefordert.

§ 13.

Zu den Besuchen, welche die Kranken von Angehörigen und Bekannten erhalten, sowie zur Besichtigung der Anstalt durch Fremde muß jedesmal die Erlaubniß des Direktors eingeholt werden, welcher dieselben entweder selbst begleitet, oder bestimmt, welcher Angestellte und wohin er sie begleiten soll. Bei den Besuchen, welche die Kranken erhalten, muß, wo es durch den Direktor nicht anders angeordnet wird, fortwährend Aufsicht zugegen sein, und den Besuchenden zuvor eröffnet werden, wie sie sich zu benehmen haben; insbesondere, daß sie den Kranken ohne Erlaubniß kein Geld oder irgend ein anderes Geschenk überreichen dürfen. Der Aufsichtsführende hat zu berichten, wie der Besuch abgelaufen ist.

§ 14.

Die Familien der Angestellten, deren Gäste und Dienstboten, sowie die Angestellten, die wie der Oekonom, Buchhalter 2c. zu den Kranken in keiner persönlichen Beziehung stehen, haben sich aller nicht besonders genehmigter Berührung mit denselben zu enthalten, und über das, was sie von ihnen hören, strenge Verschwiegenheit zu beobachten. Keinem Kranken soll von irgend Jemand Etwas gewährt werden, was nicht vom Arzt gestattet ist.

Bei den dazu geeigneten Kranken wird es gerne gesehen, wenn sie Zutritt in den Familien der Beamten erhalten, insoferne sie dort nach Vorschrift der Aerzte behandelt werden.

§ 15.

Die Kranken dürfen von dem, was sie mitgebracht haben, oder was sie in der Anstalt erhalten, **nichts** an andere Kranke und noch viel weniger an Wärter verschenken oder verkaufen.

IV. Austritt aus der Anstalt.

§ 16.

Wird ein **Pflegling entlassen**, so sind ihm seine eigenthümlichen Kleider und sonstigen Fahrnisse von dem Oberaufseher (der Oberaufseherin), oder wenn er deren nicht besitzt, die erforderlichen Kleidungsstücke von dem Oberaufseher (Oberaufseherin) mitzugeben. — Von dem Zeitpunkt des Austritts hat der Oberaufseher die Beamten der Anstalt in Kenntniß zu setzen. Der Abschied des Kranken aus der Anstalt muß freundlich und würdig geschehen.

§ 17.

Stirbt ein Kranker in der Anstalt, so muß der Wärter, wo möglich schon vor dem herannahenden Tode, dem Oberaufseher (der Oberaufseherin) und dieser dem betreffenden Arzte und Geistlichen die Anzeige machen, überhaupt jeder das Seinige beitragen, daß dem Sterbenden jedes leibliche und geistige Bedürfniß gewährt werde. Der Leiche muß gebührende Rücksicht erwiesen und für ihre Bewachung gesorgt werden.

§ 18.

Ueber jeden Todesfall und was damit zusammenhängt wird ein Protokoll aufgenommen und an die betreffenden Behörden Nachricht gegeben, insbesondere unverzüglich dem Amtsrevisorate wegen Aufnahme der Verlassenschaft und deren Ausfolgung an die Erben Anzeige gemacht.

§ 19.

Wenn Beerdigungen von Pfleglingen stattfinden, so besorgt der Oberaufseher (die Oberaufseherin) das Nöthige, und ladet zum Leichenbegängniß die hiezu bestimmten Kranken und Angestellten ein.

V. Tagesordnung.

§ 20.

Strenge Ordnung und Pünktlichkeit in der Eintheilung des Tages und in allen Geschäften und Vorgängen ist zum gedeihlichen Fortbestand der Anstalt und zur wohlthätigen Wirkung auf die Kranken zu beobachten.

§ 21.

Die Wärter werden vom Nachtwächter durch Klopfen geweckt, den Kranken wird mit der Glocke das Zeichen zum Aufstehen gegeben.

Vom 1. Oktober bis letzten April wird je nach Anordnung der Direktion nicht vor 6 Uhr und nicht nach 7 Uhr, vom 1. Mai bis 1. Oktober nicht vor 5 und nicht nach 6 Uhr zum Aufstehen geläutet.

§ 22.

Die Kranken kämmen ihre Haare, waschen sich und legen die gereinigten Kleider an. Die Wärter haben denjenigen Kranken, die es bedürfen, hierin hülfreiche Hand zu leisten, und sie vor Erkältung zu bewahren.

§ 23.

Wenn die Kranken angekleidet sind, so begeben sich diejenigen, welche nicht auf ihren Zimmern bleiben, theils in die Versammlungszimmer, theils helfen sie den Wärtern beim Bettmachen, Auskehren der Zimmer ꝛc.

§ 24.

Sowohl um der Kranken als um der Angestellten willen ist in der Anstalt für die Gelegenheit und für die Mittel zur Gottesverehrung gesorgt. Je mehr ein christlicher Sinn alle Glieder der Anstalt durchdringt und belebt, um so sicherer wird sie ihre Bestimmung erfüllen.

§ 25.

An Sonn- und Festtagen und an den dazu bestimmten Wochentagen ist Gottesdienst für die beiden Konfessionen.

Die Kranken, welche Antheil daran nehmen dürfen, werden namentlich bestimmt. Während des Gottesdienstes muß in der ganzen Anstalt feierliche Stille herrschen, jedes Spiel und — soweit möglich — jede Arbeit unterbleiben.

§ 26.

Eine gemeinschaftliche Morgen- und Abendandacht, eigene Stunden für den Religionsunterricht durch die Hausgeistlichen finden in den verschiedenen Abtheilungen mit Rücksicht auf die Konfession der Kranken statt, ebenso Tischgebete bei den Mahlzeiten.

§ 27.

In den gemeinschaftlichen Versammlungs- oder Speisesälen wird in den Wintermonaten um 7 Uhr, in den Sommermonaten um 6½ Uhr gefrühstückt, zu Mittag um 12 Uhr und Abends 7 Uhr zu Nacht gegessen. Das Zeichen zum Abholen des Essens aus der Küche wird mit der Glocke gegeben.

§ 28.

Nach dem Frühstück und Mittagessen werden die Kranken mit passender Arbeit beschäftigt. Als Regel gilt, daß eine Viertelstunde vor den Mahlzeiten und eine Stunde nach denselben nicht gearbeitet werden soll.

§ 29.

Um 9 Uhr wird mit der Glocke das Zeichen zum **Schlafengehen** gegeben. Alte und gebrechliche Kranke, welche früher, und Kranke aus den höheren Ständen, welche später zu Bette gehen sollen, werden namentlich bezeichnet.

§ 30.

Der gewöhnliche **ärztliche Besuch** findet Vormittags statt. Dabei müssen die Quartierwärter zugegen sein, von dem Befinden und Benehmen der Kranken seit dem letzten Besuch Bericht erstatten, alle Zufälle, bemerkenswerthe Aeußerungen und dergleichen melden, namentlich wenn ein Kranker sich geklagt hat oder zu Bett liegt. Dies geschieht auch rücksichtlich derer, welche bei auswärtiger Arbeit oder im Bad oder anderswo abwesend sind. Die Wärter haben, wenn der Arzt es nicht anders verlangt, ihre Berichte so zu erstatten, daß sie von den Kranken nicht gehört werden, und dafür Sorge zu tragen, daß der Arzt, wenn er mit einem Kranken spricht oder ihn untersucht, darin in keiner Weise gestört wird.

Eine nähere Bezeichnung der Vorschriften, welche die Wärter zu beobachten haben, ist Gegenstand einer besondern gedruckten Anweisung und des mündlichen Unterrichts.

B. **Behandlung der Kranken.**

VI. **Benehmen gegen die Kranken.**

§ 31.

Die Kranken sind für das, was sie reden oder thun, nicht verantwortlich. Ihre Schimpfreden und Gewaltthätigkeiten, auch wenn sie den Schein der Bosheit an sich tragen, müssen als Aeußerungen ihrer Krankheit angesehen und mit Nachsicht ertragen werden. Wer mit diesen Kranken umgehen will, darf sich dadurch nicht beleidigt fühlen und die Schimpfworte und Schläge der Kranken u. dgl. nicht in gleicher Weise erwiedern, darf ihren Angriffen nur Nothwehr entgegensetzen. Nie darf einem Kranken seine Krankheit vorgeworfen werden. — Andere Benennungen als „Kranke" oder „Pfleglinge" sind untersagt.

§ 32.

Die Kranken haben häufig ein deutliches Gefühl für das, was man ihnen schuldig ist, eine gewisse Eifersucht auf ihre Rechte, behalten die Erinnerung an das, was während der Krankheit mit ihnen vorging, daher man gegen sie dieselbe Rücksicht, wie gegen Gesunde, zu beobachten hat, und dies selbst dann noch, wenn sie den Werth davon nicht mehr erkennen sollten. Auch in dem am tiefsten Gesunkenen muß der Mensch noch geachtet, jeder seinem früheren Stande gemäß freundlich behandelt, nie soll einer belacht, geneckt, belogen oder durch leere Versprechungen getäuscht, vielmehr in allen Vorgängen mit der strengsten Wahrheit behandelt werden.

§ 33.

Die Kranken dürfen in ihrem Wahne weder bestärkt, noch darf er absichtlich hervorgerufen oder ihm geradezu widersprochen werden. Die Wärter haben sich überhaupt in keinen Streit mit ihnen, am wenigsten über die Krankheit einzulassen, sondern müssen zu rechter Zeit schweigen, oder sich auf den Ausspruch der Aerzte berufen.

§ 34.

Sehr oft vermögen die Kranken ihre Bedürfnisse weder zu erkennen, noch zu befriedigen. In dieser Beziehung verdienen sie dieselbe Sorgfalt, wie Kinder, ja eine noch größere, da manche unter ihnen verheimlichen, was ihnen Noth thut, oder für Entbehrungen und Schmerzen unempfindlich sind, ja sogar sich absichtlich Schaden zufügen.

§ 35.

Die Kranken sind mit Geduld, Schonung, freundlichem und beharrlichem Zuspruch zu behandeln, womit man mehr erreicht als mit Strenge und Härte. Mit einer hierin erworbenen Fertigkeit können oft die widerspenstigsten Kranken geleitet werden.

Zudem legt die Trennung der Kranken von ihren Familien, welche von beiden Theilen oft so schmerzlich gefühlt wird, allen Angestellten die Pflicht auf, den Kranken an der Stelle ihrer Verwandten Liebe, Geduld und Sorgfalt zu erweisen.

§ 36.

Jeder muß an seiner Stelle dahin wirken, daß Wahrheit, Zucht und Ordnung, gegenseitiges Wohlwollen, äußerer Anstand, Achtung vor menschlicher Sitte, Ehrfurcht vor Gott und Religion, und damit jener gute Geist in der Heil- und Pflegeanstalt einheimisch werde, welcher Allen, die daran mitwirken, zur Ehre und Freude, dem Kranken aber zum kräftigsten Heilmittel gereicht.

VII. Aufsichtsführung.

§ 37.

Alle Personen, welche mit den Kranken zu thun haben, müssen jede **Veränderung** im leiblichen und geistigen Befinden genau beobachten, am rechten Orte sogleich anzeigen, und über alle Punkte, wegen welcher Zweifel obwalten könnten, zuvor anfragen.

§ 38.

Die **Aufsicht** muß vollständig, der Kranke an jedem Orte und zu jeder Stunde beobachtet sein, jedoch so, daß er nicht allzusehr eingeengt und erbittert wird. So lange er nicht gegen den Anstand und die Sittlichkeit grob verstößt, nicht sich oder Andere verletzt, Geräthschaften oder Kleider verdirbt, muß ihm in seinen Bewegungen eine angemessene Freiheit gestattet sein, dagegen da, wo irgend eine Gefahr zu befürchten steht, zur Vorbauung und Verhütung eingeschritten werden.

§ 39.

Einzelne Kranke oder einzelne üble Gewohnheiten und Neigungen derselben erfordern eine besondere Aufsicht.

Jede stattgefundene Beschädigung an Personen oder Eigenthum muß augenblicklich dem Oberaufseher (der Oberaufseherin) gemeldet werden. Kranke, welche durch einen Hang zur Unzufriedenheit geneigt sind, andere Kranke gegen die Beamten der Anstalt oder gegen die Vorschriften der Hausordnung aufzustiften, müssen ebenfalls besonders überwacht, und derartige Vorgänge sogleich angezeigt werden.

§ 40.

Es ist dahin zu wirken, daß Ausbrüchen von Zorn und Gewaltthätigkeiten zuvorgekommen wird, was weniger schwierig und mit mehr Vortheil für Kranke und für die Hausordnung verbunden ist, als die Dämpfung eines wirklich stattgehabten Ausbruchs. Geübte Wärter, welche ihre Kranken kennen, sehen an gar manchen Zeichen die Krankheitsanfälle vorher.

§ 41.

Die Maßregeln zum Schutze der Kranken gegen ihre Person und gegen Andere müssen besonders streng überwacht werden. Nie dürfen die Kranken in den Besitz gefährlicher Instrumente, von Glas ꝛc., oder in die Nähe von Feuer kommen. Nie dürfen Fenster und Thüren, deren Verschluß befohlen ist, offen stehen, weil daraus das größte Unglück entstehen kann.

Auch für den Verschluß der Hahnen an den Waschplätzen muß gesorgt sein.

§ 42.

Im Garten muß das Abrupfen und Beschädigen von Pflanzen, das Kauen von Blättern, das Genießen von unreifen Früchten ꝛc. verhütet werden. Die Obstbäume sind unter die besondere Aufsicht und Verantwortlichkeit des Wärterpersonals gestellt.

§ 43.

Die Kranken finden überall die nöthigen Sitze, und sollen im Hause und Garten weder auf dem Boden, noch auf der Treppe liegen oder sitzen, und auch während des Tages, wo es von dem Arzte nicht gestattet wird, nicht schlafen, was außerhalb der Arbeitsstunden durch passende Unterhaltung, Spiele ꝛc. zu erreichen ist.

§ 44.

Daß die Kranken im Winter nicht zu lang an kalten Orten verweilen, nicht an den Füßen frieren, daß sie Handschuhe und überhaupt zweckmäßige Kleidung erhalten, wenn sie in der Kälte etwas zu thun haben, oder zu andern Jahreszeiten gegen Regen und Sonnenhitze geschützt werden, sind genau zu beachtende Vorschriften.

§ 45.

In der Zeit, in welcher die Kranken sich zu Bett legen, oder Morgens, ehe sie aufstehen, haben die Wärter bei den einzelnen Kranken nachzusehen, ob sie nirgends am Körper beschädigt sind, keine Ausschläge, geschwollene Füße u. dgl. haben, ob sie schwitzen ꝛc., sodann ob sie in ihren Taschen nichts versteckt halten, ob die Kleidungsstücke in gutem Stande sind, u. s. w.

§ 46.

Die Kranken sollen gewöhnt werden, vor dem Schlafengehen jedesmal zu Stuhle zu gehen. Sie müssen sich ordentlich ausgekleidet in ihre Betten legen, wovon der Wärter oder die Wärterin vor dem Zuschließen der Zimmer sich zu überzeugen hat.

§ 47.

Die Aufsicht der Wärter muß sich auch auf die **Nachtzeit** erstrecken. Sie müssen sich daran gewöhnen, daß sie in ihren Quartieren Nichts überhören bei jedem Vorfall sogleich nachsehen, die Ordnung herstellen, und wenn ihnen dies nicht gelingt, den Oberaufseher (die Oberaufseherin) rufen. Sie haben nachzusehen, ob die Kranken des Nachts, insbesondere in der kältern Jahreszeit, gehörig zugedeckt sind.

VIII. Austheilen der Nahrungsmittel.

§ 48.

Als Regel gilt, daß alle Kranke an den gemeinschaftlichen **Mahlzeiten** Antheil nehmen. Die, welche auf ihren Zimmern essen sollen, werden dem Oberaufseher (der Oberaufseherin) namentlich bezeichnet.

§ 49.

Während die einen Wärter das Essen holen, decken die andern den Tisch. Kein Kranker darf während des Essens an seinem Platze fehlen. Die Wärter essen in zwei auf einanderfolgenden Abtheilungen vor den Kranken.

§ 50.

Das Austheilen der Speisen nach dem vorgeschriebenen Maaß muß von den Wärtern besorgt, Anstand und Sitte auch hier beachtet, das Tischtuch rein gehalten, den Unreinlichen eine Serviette vorgebunden werden. Das Mitnehmen von Speisen, frühzeitiges Weggehen vom Tisch und dergleichen darf nicht geduldet, und an dem, was für die Kranken bestimmt ist, vom Wärterpersonal nichts vermindert oder geändert werden. Was Kranke und Angestellte übrig lassen, wird in die Küche zurückgebracht, und nichts davon darf in den Abtheilungen aufbewahrt oder anderswohin verschenkt werden.

§ 51.

Kranke, welche die Ordnung bei Tische stören, besonders solche, bei denen wegen Messer und Gabeln irgend eine Gefahr zu befürchten ist, müssen schnell und möglichst geräuschlos aus dem Speisesaal entfernt, dagegen denjenigen, welche unbehülflich, widerspenstig oder gefährlich sind, die Speisen von den Wärtern zertheilt und gereicht werden.

§ 52.

Die Wärter, welche den Tisch abräumen, haben die Bestecke zu reinigen, genau nachzuzählen, und von jedem mangelnden Stück sogleich dem Oberwärter die Anzeige zu machen; sie sind dafür verantwortlich.

§ 53.

Außer beim Mittag- und Abendessen wird Brod Morgens 10 Uhr und Nachmittags 4 Uhr ausgetheilt.

§ 54.

Frisches Trinkwasser muß in den Sälen, einzelnen Zimmern, in den Gärten, Werkstätten, überhaupt überall, wo sich Kranke aufhalten, reichlich vorhanden sein.

IX. Beschäftigung.

§ 55.

Die Beschäftigung der Kranken gehört zu den wichtigsten Heilmitteln. Der Direktor bestimmt nach Rücksichten für die Gesundheit der Kranken, wer, was, wie viel und wie lang ein jeder arbeiten soll, und welche Mittel, um ihn zur Arbeit zu bewegen, anzuwenden sind. Für die verschiedenen Arten von Arbeit, für den guten Stand des Arbeitsgeräths, für Vorrath an dem nöthigen Material sorgt der Verwalter. Der Oberaufseher (die Oberaufseherin) hat den täglichen Arbeitsplan dem Direktor mündlich zur Genehmigung vorzutragen.

§ 56.

Den Wärtern ist es untersagt, ohne vorherige Erlaubniß des Direktors, Kranke für sich oder Andere arbeiten zu lassen.

§ 57.

Die Aufsicht ist bei der Arbeit besonders wichtig, damit Verletzungen durch gefährliche Instrumente, Verunreinigung des Hauses und der Kleider, Verschleppung oder Zerstörung des Materials verhütet werde, daher die Wärter bei derartigen Arbeiten nicht selbst mitarbeiten dürfen.

§ 58.

Holzsägen und Spalten darf nicht gleichzeitig an demselben Orte geschehen. Die zum Holzspalten tauglichen Pfleglinge werden dem Oberaufseher namentlich bezeichnet.

§ 59.

Ueber die Ordnung in den Werkstätten erhalten die denselben vorstehenden Wärter besondere Instruktionen. Kein Wärter oder Kranker, der nicht daselbst beschäftigt ist, hat in denselben Zutritt.

§ 60.

Wenn außerhalb der Krankenabtheilungen für Küche, Oekonomie, Werkstätten, Waschanstalt die Hülfe der Pfleglinge erforderlich ist, so haben sich die Köchin, der Oekonom, die Handwerkerwärter, die Weißzeugbeschließerin an den betreffenden Oberaufseher (Oberaufseherin) zu wenden, welche die passenden Pfleglinge, nöthigenfalls nach vorher eingeholter Genehmigung, hiezu abgeben, und für Beauffichtigung und Rückkehr derselben, sowie für Schonung der Personen und Kleider besorgt sind.

§ 61.

Beschäftigungen und Unterhaltungen, wie Lesen, Schreiben, die Lösung wissenschaftlicher Aufgaben, Zeichnen, Musik, werden von dem geeigneten Lehrer oder einem Beamten beaufsichtigt und geleitet. Die hiezu abgegebenen Gegenstände müssen nach der Unterrichtsstunde wieder eingesammelt werden. Ohne ausdrückliche Erlaubniß findet keine Abgabe von Büchern, Schreibmaterialien und dergleichen statt.

§ 62.

Der Oberaufseher (Oberaufseherin) ist für Zurückgabe, Aufbewahrung oder Ablieferung der zur Arbeit und Unterhaltung gehörigen Stoffe und Geräthe verantwortlich.

X. Erholungsmittel.

§ 63.

Um Vertrauen und Heiterkeit, Lust zur Ordnung und Arbeit unter den Kranken hervorzurufen, werden ihnen Erfrischungen, kleine Geschenke und Genüsse, wie: Tabakrauchen und Tabakschnupfen, Spiele, mancherlei Feste, Weihnachtsbescheerungen, Spaziergänge und Fahrten gestattet.

§ 64.

Da diese Bewilligungen großen Einfluß auf das Befinden der Kranken ausüben, da ferner ein dem Anscheine nach unschuldiges Versprechen oder Geschenk dem Heilverfahren entgegenwirken kann, so müssen alle diese Gegenstände, und zwar nicht nur Kleider oder Kost, sondern auch Geld, Tabak, Dosen, Pfeifen und dergleichen vom Direktor angewiesen sein, und zum Theil auch, wie bemalte Gegenstände, Dosen ꝛc., vor ihrer Abgabe jedesmal vorgezeigt werden. Ebenso nothwendig ist es, daß alle

Vergnügen und Feste zuvor die Genehmigung mit spezieller Bestimmung über die Art ihrer Ausführung erhalten haben.

§ 65.

Wärter und Oberaufseher haben darauf zu achten, daß die bewilligten Gegenstände in der vorgeschriebenen Weise verwendet, nicht Andern überlassen werden, Nichts beschädigt oder verdorben oder verloren wird.

§ 66.

Durch das Tabakrauchen darf weder die Reinlichkeit, noch die Sicherheit des Hauses gefährdet werden. Jede Pfeife muß mit einem Deckel versehen sein. In den Schlafräumen darf nie geraucht werden, ebenso wenig während irgend einer Arbeit, weder von Kranken, noch von Wärtern. Zeit und Ort, wo es geschehen darf, wird besonders bestimmt. Wenn nicht geraucht wird, müssen die Kranken die Tabakspfeifen abgeben. Nie dürfen sie Feuerzeuge bei sich führen, wogegen die Wärter solche erhalten und verpflichtet sind, den Kranken das zum Anstecken der Pfeifen nöthige Feuer zu verschaffen.

§ 67.

Besondere Erlaubniß ist nöthig zu jedem Ausgang eines Kranken über die Grenzen des ihm für seine gewöhnlichen Ergehungen zugewiesenen Raumes, namentlich zu Spaziergängen, zu Besuchen bei Angestellten oder bei den Kranken einer andern Abtheilung, sowie natürlich auch zur Versetzung aus einem Quartier in das andere.

XI. Gebrauch der Heilmittel.

§ 68.

Die bei den Kranken nöthigen Dienstleistungen, Senfteig-, Blasenpflaster-, Blutegelsetzen, Klystier, einfache Verbände, Hülfe bei Bädern ꝛc., müssen von allen, das Schröpfen aber muß von einigen Wärtern erlernt werden. Die Arzneien dürfen immer nur von den Wärtern gereicht, und müssen jedesmal sorgfältig verwahrt werden, damit die Kranken nicht dazu kommen können.

§ 69.

Bettlägerige Kranke kommen unter besondere Aufsicht. Ihnen sind die Wärter eine vorzugsweise schonende Behandlung schuldig, müssen sie vor Erkältung schützen, ihnen Arzneien und Nahrung, wie verordnet, sorgfältig reichen, ihre Zimmer vorschriftsgemäß reinigen und auslüften.

§ 70.

In den §§ 68 und 69 sind nur einige Vorschriften und Dienstleistungen für Besorgung der Kranken erwähnt. Der Umfang und die Wichtigkeit derselben macht ihre besondere Erlernung nothwendig. Eine vollständige Zusammenstellung dieser Punkte bildet in Verbindung mit der im § 30 erwähnten Anweisung zur Krankenbeobachtung den Inhalt einer gedruckten **Anleitung zum Erlernen des Krankenwartdienstes.** Dieselbe wird jedem Wärter in die Hand gegeben und dem von den Aerzten mündlich zu ertheilenden Unterricht zu Grund gelegt.

XII. Beschränkung der Kranken.

§ 71.

Die Maßregeln, welche bei widerspenstigen Kranken, sowohl zu ihrer eigenen Sicherheit und Beruhigung, als auch zur Sicherheit und Schonung Anderer, nöthig sind, bestimmt der Direktor.

§ 72.

Das Absondern der Kranken auf ihren Zimmern kann in augenblicklicher, sonst nicht abzuwendender Gefahr vom Oberaufseher (der Oberaufseherin) oder dem nächsten Wärter angeordnet werden, ist aber sogleich anzuzeigen. Beschränkungsmittel, wenn sie schon früher angeordnet waren, dürfen in einem Nothfall von dem Oberaufseher (der Oberaufseherin) ohne vorausgegangene Ermächtigung angewandt werden. Dem Direktor ist aber sogleich die Anzeige davon zu erstatten.

§ 73.

Wie zur Anwendung, so gehört auch zum Aufhörenlassen einer Beschränkung ärztliche Erlaubniß. Nur die Nacht über darf sie ohne ausdrücklichen Befehl nicht fortdauern.

§ 74.

Entziehungen von Essen oder andern Genüssen, Tabak ꝛc. darf weder der Oberwärter, noch ein Wärter für sich anordnen, sondern sie können nur vom Direktor verfügt werden.

§ 75.

Die Anwendung einer Beschränkung muß mit Schonung, so wenig als möglich vor solchen Kranken, welche dadurch aufgeregt werden könnten, und ohne Aufsehen stets durch eine hinreichende Anzahl von Wärtern vollzogen werden. Der Oberaufseher (die Oberaufseherin) ist besonders verantwortlich, daß keine unnöthigen Härten dabei vorkommen.

§ 76.

Während der Anwendung einer Beschränkung muß den Kranken jede thunliche Rücksicht erwiesen, ihnen bei den Bedürfnissen, welche sie nicht selbst befriedigen können, Beistand geleistet, Nahrung, besonders Trinkwasser, gereicht, und überhaupt eine sorgfältige, jedoch nicht belästigende Aufsicht geführt werden.

Diejenigen, welche auf ihren Zimmern isolirt sind, müssen Nachtgeschirre oder Leibstühle erhalten, und diese, so oft es nöthig ist, gereinigt werden.

C. Häusliche Einrichtungen.

XIII. Reinlichkeit.

§ 77.

Zur Beförderung der leiblichen und geistigen Gesundheit ist Reinlichkeit unter den Kranken immer und überall zu bewahren, insbesondere sind die unreinlichen Kranken und deren Räume von üblem Geruche frei zu erhalten.

§ 78.

Außer den Morgenwaschungen müssen sich die Kranken während des Tages, so oft sie sich beschmutzt haben, waschen und angehalten werden, bei dem ärztlichen Besuch, bei den Mahlzeiten, in der Kirche ꝛc. reinlich zu erscheinen.

§ 79.

Zu den Vorschriften für Reinlichkeit gehört ferner: das Schneiden der Nägel an Händen und Füßen, sowie der Haare, letzteres nach zuvor eingeholter ärztlicher Erlaubniß. Das Rasiren der männlichen Pfleglinge besorgt ein Wärter nach einer besondern Instruktion. Jeder Quartierwärter hat darauf zu achten, daß dabei keiner seiner Kranken vergessen werde. Bei diesen Vorgängen muß immer die nöthige Wärterzahl zugegen sein.

§ 80.

Ein besonderes Augenmerk hat jeder Angestellte, insbesondere aber jeder Wärter, auf das Vorkommen und Vertilgen von Ungeziefer zu richten, komme es an Personen, oder an Kleidern, oder an Geräthschaften, oder aber in den Räumen des Hauses vor. Wenn sich dergleichen finden sollte, ist Anzeige zu machen.

Die anzuwendenden Mittel werden dem Oberaufseher (der Oberaufseherin) von dem Direktor namentlich bezeichnet.

§ 81.

Außer den durch die Kur nothwendigen Bädern werden Reinigungsbäder das ganze Jahr hindurch, im Sommer auch Flußbäder, nach ärztlicher Verordnung angewandt.

§ 82.

Wie der Leib, so müssen auch die Kleider reinlich und ordentlich gehalten, nach jeder beschmutzenden Arbeit gereinigt oder gewechselt, Schuhe und Strümpfe gebunden, die Taschen untersucht, und jede auch noch so kleine Beschädigung muß sogleich ausgebessert werden.

§ 83.

Die Ueberzüge zum Schonen der Kleider, die Schürzen, Handschuhe, Holzschuhe, Strohhüte, müssen zur rechten Zeit abgegeben und wieder eingesammelt werden.

§ 84.

Schmutzige und bestaubte Schuhe müssen vor dem Eintritt in das Haus abgeputzt werden. Der Wärter muß Bürste und Haarkamm immer in der Nähe haben, um jeden Augenblick Gebrauch davon machen zu können.

§ 85.

Ebenso müssen die Geräthschaften, besonders Nachtgeschirre und Nachttische, rein gehalten, die erstern jeden Morgen aus dem Schlafzimmer entfernt, und Abends erst, nachdem sie gereinigt sind, wieder hereingebracht werden. Außer dem täglichen Abwaschen und Abstäuben der Zimmergeräthe findet in größeren, von dem Oberaufseher (der Oberaufseherin) zu bestimmenden Zeiträumen eine durchgreifende Reinigung statt. Bei einer solchen müssen jeweils die zum Aufenthalt der Kranken nöthigen Zimmer frei gehalten werden. Die Wärter erhalten Anweisung, wie und mit welchen Stoffen die einzelnen Geräthschaften gereinigt werden.

§ 86.

Der Abtritt ist zur Beseitigung üblen Geruches und der Beschmutzung des Hauses, der Kleider und des Leibes der Kranken möglichst rein zu halten und es ist daher in demselben, besonders bei unreinlichen Kranken, oft nachzusehen, die kleinste Unsauberkeit sogleich zu beseitigen und für den Schluß der Thüren und Deckel zu sorgen.

§ 87.

Allenthalben im ganzen Hause, in Zimmern und Gängen sind mit Sand (nicht mit Sägspänen) gefüllte Spuckkästchen aufzustellen, und die Kranken anzuhalten, sich derselben zu bedienen.

§ 88.

Jeden Tag müssen die Zimmer und Gänge, die Zimmergeräthe und Oefen rein gekehrt, die Fenster abgeputzt und die Räume ausgelüftet werden, das letzte mit steter Rücksicht auf eine etwa zu befürchtende Beschädigung, sowie auf die Jahreszeit, in der kalten nur kurz, in der heißen nur Morgens und Abends; wo Kranke sind, ohne daß Zugluft entsteht.

§ 89.

Im ganzen Hause muß immer aufgeräumt sein, es darf nichts umherliegen, und namentlich der Gang nicht verstellt sein. Jeder Gegenstand muß nach gemachtem Gebrauche an seinem Orte aufbewahrt oder abgegeben werden.

§ 90.

Das Aufwaschen der Böden, das Abkehren oder Abwaschen der Wände und der Fenster muß zu bestimmten Tagen und Stunden geschehen, die der Oberaufseher (die Oberaufseherin) für jedes Quartier mit Rücksicht auf Witterung an=

gibt. Die Wärter dürfen dieses Geschäft für sich weder vornehmen noch unterlassen.

§ 91.

Die Rücksicht auf die Gesundheit, sowie auf die Erhaltung des Hauses erfordert, daß beim Aufwaschen der Böden dieselben nicht nässer gemacht werden, als gerade erforderlich ist.

XIV. Heizung, Beleuchtung und Schutzmaßregeln gegen Feuersgefahr.

§ 92.

Die Heizung und Beleuchtung wird von dem dazu bestimmten Personale nach besondern Vorschriften besorgt, daher auch nur dieses sich damit befassen und kein Pflegling dazu verwendet werden soll. Alle aber haben zur Verhütung von Feuersgefahr von Verschleppung und Mißbrauch des Brennmaterials, zur Aufrechthaltung der Reinlichkeit und Ordnung mitzuwirken. Es sollen die Ofenthüren und Holzkästen verschlossen sein, weder Holz noch Steinkohlen umherliegen, die Oefen nicht beständig von den Kranken umlagert sein, die Asche in wohl verschlossenen Gefäßen von nicht brennbarem Stoff an den dazu bestimmten Kellerraum gebracht werden.

§ 93.

Zum Heizen der russischen Oefen gehört klein gespaltenes trockenes buchenes oder tannenes Holz, weil ein lebhaftes (Flacker-) Feuer nothwendig ist. Vor dem Einfeuern muß der Ofen von der Asche gereinigt und der Deckel von dem Zugrohr abgenommen werden. Während des Feuerns müssen beide Ofenthüren offen gehalten, gehörig Holz nachgelegt und die nicht verbrannten Stumpen immer nachgeschoben werden, damit alles Holz in Kohlen und Asche verwandelt werde. Erst dann — nicht früher und nicht später — sind zuerst die beiden Ofenthürchen und hierauf das Rohr mit dem Deckel zu verschließen. Das Trocknen des Holzes im Ofen sowie im Vorkamin darf nicht stattfinden. Sobald der Wärter am Ofen den geringsten Riß oder irgend eine Beschädigung, sobald er im Zimmer Rauch oder einen Geruch von Ruß und dergleichen wahrnimmt, hat er sogleich Anzeige zu machen. Beim Heizen aller Oefen ist genau auf den größern oder geringern Kältegrad der äußern Luft zu achten. Die Zeit, in welcher mit der Heizung angefangen und aufgehört werden soll, bestimmt der Direktor.

§ 94.

Für Verschluß von Fenstern und Thüren, besonders bei Wind und herannahendem Regen, für Verwahrung der Fenster gegen das Hinausstürzen der Kranken, für augenblickliche Wiederherstellung dessen, was im Hause, in den Höfen und Gärten beschädigt ist, müssen Alle, Jeder in seinem Kreise besorgt sein, ebenso dafür, daß kein Gegenstand, der in das Haus gehört, dem Verderben während des Regens, der Hitze, der Kälte oder der Nachtzeit ausgesetzt bleibt.

§ 95.

Verhütung von Feuersgefahr erfordert in einer Anstalt, mit in dieser Beziehung oft gefährlichen Kranken, eine verdoppelte Aufmerksamkeit, und muß Allen zu jeder Stunde, zumal aber bei Sturm, bei sehr trockener und kalter Witterung und zur Nachtzeit besonders angelegen sein.

§ 96.

Das Herumgehen mit offenen Lichtern darf in Magazinen, auf dem Speicher und im Keller nie, und auch sonst im Hause nur möglichst selten statthaben. Glühende Kohlen oder brennendes Holz dürfen nie von einer Feuerstätte zur andern offen getragen werden.

§ 97.

Nach dem Schlafengehen der Kranken darf nirgends bei ihnen Feuer oder Licht brennen, mit Ausnahme der für bettlägerige Kranke bestimmten Räume, bei welchen gewacht wird. Zum Brennen von Nachtlichtern sind in der Regel nur die Nachtwächter und die Oberaufseher (Oberaufseherinnen) ermächtigt. Jeder Wärter muß dafür sorgen, daß das Feuerzeug, das er erhält, in gutem Stand ist, daß dagegen kein Kranker in den Besitz eines solchen komme.

§ 98.

Wasser muß in besonderen Behältern oder Kübeln in allen Quartieren in ansehnlicher Menge, und im Winter an Orten, wo es nicht gefriert, vorräthig sein.

§ 99.

Sollte je ein Brand ausbrechen, so müssen des Nachts überall Laternen und Lichter angesteckt werden und die Wärter bis auf weitere Anordnung auf ihren Abtheilungen bleiben. Eine eigene Feuerordnung bestimmt, in welcher Weise jeder Angestellte mitzuwirken hat.

§ 100.

Mit den beim Löschen nöthigen Verhaltungsregeln wird jeder Wärter in dem ersten Monat seines Dienstes durch den Verwalter mündlich bekannt gemacht. Vom Verwalter wird für den guten Stand der Löschgeräthschaften Sorge getragen.

XV. Zimmergeräthe.

§ 101.

An Zimmergeräthschaften erhält jeder Kranke jedenfalls ein Bett und einen Stuhl; der Kleiderschrank kann für mehrere gemeinschaftlich sein. Außer dem, was die einzelnen Kranken nach den verschiedenen Verpflegungsklassen zugewiesen erhalten, wird jeder Versammlungssaal mit den entsprechenden Geräthschaften versehen.

§ 102.

Die dritte Verpflegungsklasse erhält eine tannene Bettlade und ein Bett, bestehend aus einem Stroh- oder Spreusack, Strohhaipfel, Roßhaarmatratze, Feder- oder Roßhaarkissen, zwei Teppichen oder einem Federbett mit den erforderlichen Ueberzügen und Leintüchern, einen Nachttisch und einen Stuhl. In den Schlafsälen, sowie in den einzelnen Zimmern, ist die erforderliche Zahl von Spiegeln, Spuckkästchen, Stiefelziehern ꝛc. vorhanden.

§ 103.

Die zweite Klasse erhält ein Bett wie das der dritten Klasse mit bessern Ueberzügen, dieselben Geräthschaften mit feinerm Anstrich, eine Strohmatte oder einfachen Teppich vor das Bett, einen tannenen Schrank, ein eichenes Tischchen, zwei Strohsessel, einen Spiegel und Rollvorhänge.

§ 104.

Die erste Klasse erhält eine Bettlade mit Strohsack, Strohpolster, Roßhaarmatratze und Roßhaarkopfpolster, Federkissen, feinen wollenen Teppich mit Pflaumbett (Plumeau) mit dem erforlichen Bettweißzeug, einen Schrank, Nachttisch, andern Tisch, einen Waschtisch, vier Strohsessel, einen Lehnstuhl, Schemel, gewöhnliche und Rollvorhänge.

§ 105.

Die Pensionäre erhalten Bett und Geräthschaften wie die Pfleglinge der ersten Klasse, nur theilweise von feinerer Beschaffenheit, sodann eine Pfeilerkomode, statt des Lehnstuhls ein Sopha, Ueberwurf über das Bett, Teppiche vor Bett und Sopha, Männer einen Schreibtisch, Büchergestell, Frauen ein Nähtischchen.

§ 106.

Das Wechseln des Bettweißzeugs geschieht in der Regel alle vier Wochen, und wo es von den Aerzten für nöthig erkannt wird, öfter. Es muß stets vollkommen trocken aufgelegt werden.

§ 107.

Das Wechseln des Strohes ist nach Erforderniß vorzunehmen, und im Sommer das Sonnen und das Ausklopfen der einzelnen Bettstücke nicht zu versäumen.

§ 108.

Die wollenen Teppiche müssen nach Bedürfniß gewaschen und das Roßhaar der Matratzen und Kopfpolster umgezupft werden. Kleider und Bettstücke der Gestorbenen werden erst nach sorgfältiger Reinigung in Gebrauch gegeben; wo der Verdacht ansteckender Krankheiten obwaltet, wird von den Aerzten das Nöthige angeordnet. Die Ausführung dieser Vorgänge unterliegt der Anordnung des Oberaufsehers (der Oberaufseherin).

§ 109.

Die Wärter haben alle Mühe anzuwenden, daß jedes Bett an jedem Morgen vorschriftsmäßig eines wie das andere zurecht gelegt, das Stroh umgeschüttelt, die Matratze gewendet, und alles Schadhafte sogleich ausgebessert werde.

XVI. Bekleidung und Wäsche.

§ 110.

Nach § 25 und 35 des Statuts soll jeder in die Anstalt aufzunehmende Kranke einen vollständigen Anzug mitbringen, welchen er, bis er verbraucht ist, zu tragen hat. Nur dann, wenn der Anzug von der Art ist, daß er in der Anstalt nicht getragen werden kann, wird derselbe aufbewahrt und ein anderer Anzug von der Anstalt abgegeben.

§ 111.

Jeder Kranke erhält in der Anstalt einen doppelten Sommer- und Winteranzug mit Rücksicht auf Alter, Stand und Gewohnheit, wobei durch Verschiedenheit in Stoffen, Farbe und Schnitt alles Uniformartige zu vermeiden ist.

§ 112.

Der Oberaufseher (die Oberaufseherin) hat zweimal im Jahre für die im § 35, Absatz 3, des Statuts bezeichneten Kranken eine Liste, nämlich zu Ende März eine für die Sommer- und zu Ende September eine für die Winterkleider zu fertigen und der Direktion zur Genehmigung vorzulegen. Die Kleider, deren später aufgenommene Kranke bedürfen, werden, wenn der vorhandene Vorrath nicht ausreicht, nachträglich in eine Liste aufgenommen. Rücksichtlich der übrigen Kranken, für welche die Anstaltskasse die Kleidung nicht bestreitet, wird die Direktion auf Anzeige des Bedarfes durch den Oberaufseher in Benehmen mit den gesetzlichen Vertretern der Kranken die nöthigen Anschaffungen jeweils besorgen.

§ 113.

Die Kleider müssen zu bestimmten Stunden pünktlich gereinigt, wo nöthig bei Arbeiten durch Ueberzüge ꝛc. geschont, wo sie schadhaft oder abgängig sind, augenblicklich ausgebessert oder ersetzt werden, und jedem Kranken anpassen. Es ist darauf zu achten, daß Nastücher, Halstücher, Hosenträger, Strumpf- und Schuhbänder sich in geordnetem Stand befinden.

§ 114.

Die Zeit, in welcher Sommer- und Winterkleider gewechselt werden, bestimmt der Direktor.

§ 115.

Die schwarze Wäsche eines jeden Quartiers wird an einem bestimmten Wochentage von dem Quartierwärter mit einem doppelt ausgefertigten Waschzettel dem Oberaufseher (der Oberaufseherin), und von diesem (dieser) der Weißzeugbeschließerin mit einem Exemplar des Waschzettels übergeben.

§ 116.

Die Weißzeugbeschließerin hat die Wäsche nach den in ihrer Instruktion enthaltenen Bestimmungen reinigen zu lassen, sie den Oberaufseherinnen zum Ausbessern zu übergeben, für Ersatz der abgängigen vom Magazin besorgt zu sein, und sie sodann vollzählig dem Oberaufseher (der Oberaufseherin), und diese den betreffenden Wärtern zurückzugeben, wobei alle Theile die empfangene und abgegebene Wäsche mit dem Waschzettel genau zu vergleichen haben.

§ 117.

Die Wärter übergeben ihre Wäsche mit doppeltem Waschzettel an den Oberaufseher (die Oberaufseherin), von dem sie die Wäsche auch wieder zurück erhalten. Mit der Waschanstalt selbst darf das Wärterpersonale keine unmittelbare Gemeinschaft pflegen. Von den übrigen Beamten und Angestellten, welche ihre Wäsche durch die Anstalt besorgen lassen dürfen, nimmt die Weißzeugbeschließerin selbst die Wäsche in Empfang und besorgt auch deren Rückgabe.

XVII. Inventargegenstände.

§ 118.

Ueber Wäsche sowohl als Kleider ist jedem Wärter ein Verzeichniß zuzustellen, von welchem jeder Oberaufseher (die Oberaufseherin) eine Abschrift hat, und worin Ab- und Zugang genau zu notiren ist.

§ 119.

Die Kleider und Leibwäsche, welche einem Kranken zugetheilt sind, sollen so viel als möglich für keinen andern verwendet werden, zu welchem Ende jedes Stück die nöthige Bezeichnung erhält.

§ 120.

Die Kranken dürfen in der Regel kein Eigenthum unter ihrer Hand haben, sondern dasselbe muß von den Wärtern unter Verschluß gehalten werden.

§ 121.

Der Oberaufseher (die Oberaufseherin) erhält ein Hand- und Nothmagazin, in welchem die von den Hausmagazinen abgegebenen und nicht im Gebrauch befindlichen Gegenstände, kleine Handvorräthe, Lichter, Oel ꝛc. aufbewahrt werden. Die Wärter dürfen keine Vorräthe unter ihrem Verschluß haben.

§ 122.

Die Abgabe vom Hausmagazin, welches unter der Aufsicht des Verwalters steht, erfolgt, außerordentliche Fälle ausgenommen, zweimal wöchentlich an die Oberaufseher, an die Weißzeugbeschließerin und an den Oekonomen. Die Oberaufseher haben jedesmal für die abzugebenden Gegenstände ein vom Direktor unterzeichnetes Verzeichniß vorzuweisen.

§ 123.

Was abgängig ist, muß in den dazu bestimmten Stunden dem Verwalter vorgezeigt, oder ein etwaiger Mangel nachgewiesen werden, worauf erst der Ersatz entweder durch Abgabe vom Magazin, oder durch Bestellung auf den Werkstätten, oder durch Ankauf angeordnet werden kann.

Die auf den Werkstätten neu gefertigten oder die angekauften Gegenstände müssen, ehe sie zum Gebrauch kommen, vorgezeigt und im Inventar eingetragen werden.

Von allen, auch den kleineren Reparaturen ist mindestens jede Woche dem Verwalter Anzeige zu erstatten.

XVIII. Kochküche und Kostarten.

§ 124.

Es darf Niemand die Küche besuchen, den der Dienst nicht dahin führt oder der nicht besondere Erlaubniß dazu hat. Der Köchin ist die unmittelbare hauspolizeiliche Aufsicht darin übertragen.

§. 125.

Jeden Tag erhält die Küche eine auf Verordnung des Direktors ausgestellte Anweisung, wie viele und welche Kostarten in die einzelnen Quartiere zu verabfolgen sind; dieselbe Anweisung erhält der Oekonom in Beziehung auf Brod, Wein und Bier. Im Laufe des Tages sich ergebende Extraverordnungen werden von den Aerzten angewiesen. Diese Anweisungen hat der Oekonom als Bescheinigung aufzubewahren. Ohne schriftliche Anweisung darf aus der Küche nichts abgegeben werden.

§ 126.

Wärter und Oberaufseher haben zu prüfen, ob die aus der Küche abgegebenen Speisen der vorgeschriebenen Beschaffenheit entsprechen, und jeden Mangel sogleich anzuzeigen.

§ 127.

Das Abholen der Speisen aus der Küche und das Zurückbringen dessen, was übrig geblieben ist, sowie des in die Küche gehörigen Geschirrs, geschieht zu den von der Direktion bestimmten Stunden, wobei das Zusammentreffen der Wärter und Wärterinnen zu vermeiden ist. Das Spülen der Bestecke und Teller geschieht in den einzelnen Abtheilungen.

§ 128.

Die zum Gemüseputzen ꝛc. bestimmten weiblichen Pfleglinge dürfen sich nicht in der Küche aufhalten. Aufsicht dabei führt eine hiezu bestimmte Person, welche besonders darauf zu achten hat, daß keine schädliche Gemeinschaft mit dem Küchenpersonal stattfindet, und daß die Kranken außer dem, was erlaubt ist, Nichts genießen oder zu sich stecken.

§ 129.

Jeder der verschiedenen Verpflegungsklassen (§ 30 des Statuts) entspricht eine besondere Kostart. Der Küchenzettel mit der ins Einzelne gehenden Angabe dessen, was jede Kostart enthält, wird immer für zwei Tage bestimmt und den Aerzten eingehändigt, damit diese die etwa nöthigen Abweichungen und Extraverordnungen an die Küche gelangen lassen können.

§ 130.

Die Kost der dritten Verpflegungsklasse besteht Morgens in Milch-, Rahm-, Zwiebel- oder gebrannter Mehlsuppe.

Mittags in Suppe und zwar: Gerste-, Reis-, Sago-, Haberkern- oder Brodsuppe mit Fleischbrühe; in Ochsenfleisch; ferner in Gemüse und zwar: Weißkohl, Wirsing, Kohlraben, Sauerkraut, Meerrettig, Bohnen, Gelberüben, Kartoffeln, selten Hülsenfrüchte.

Statt Ochsenfleisch und Gemüse einmal in der Woche Mehlspeise mit gekochtem Obst, oder Obstkuchen; an Festtagen Braten;

Abends in Wassersuppe, oder Sauermilch mit Kartoffeln, oder Habermus, oder Kartoffeln und Kräutersuppe.

Am Sonntag Ragout von Kalbfleisch mit Kartoffeln. Alle 14 Tage einmal an einem Wochentage Suppe und gebratenes Fleisch.

§ 131.

Die Kost der zweiten Verpflegungsklasse besteht:

Morgens in Kaffee mit Weißbrod;

Mittags in Suppe mit der ersten Klasse, gebratenem oder gesottenem Fleisch; in Gemüse; statt gebratenem oder gesottenem Fleisch bisweilen Ragout, dazu Kartoffeln oder eine Mehlspeise, einmal in der Woche Mehlspeise mit Kompote;

Abends in Schleimsuppe; ferner in gebratenem Fleisch und Salat, oder Hachis, oder Sauermilch mit Kartoffeln, oder Kartoffeln und Butter, oder Mehlspeisen.

§ 132.

Die Kost der ersten Verpflegungsklasse besteht:

Morgens in Kaffee mit Weißbrod;

Mittags in Suppe, und zwar in Einkorn-, Gerste-, Grünkern-, Sago-, Gries-, Nudeln- oder Wecksuppe mit Klösen ꝛc., ferner in Ochsenfleisch mit Beilage von Senf, Gurken, eingemachten Früchten, Salat, rothen Rüben, Meerrettig, Saucen, ferner in Gemüse und zwar: Grünkohl, Wirsing, Blumenkohl u. dergl., Spargeln, Schwarzwurzeln, Gelberüben, Sauerkraut, mit Beilage, bestehend in Karbonaden, Würsten, Ragout, Braten, Beefsteaks u. dergl.

Statt Gemüse und Beilagen zuweilen süße oder gesalzene Mehlspeisen, Puddings, Auflauf mit Kompote oder in Sauce;

Abends in Schleimsuppe, ferner in Braten, oder Schinken, oder Roulade, oder geräucherter Ochsenzunge mit Salat, oder Fleisch mit Gelée, statt der Fleischspeise auch Mehlspeise mit Kompote, oder Milchspeise, oder Kartoffeln mit Butter.

§ 133.

Die Kost der Pensionäre ist dieselbe wie die der ersten Klasse, nur mit dem Zusatz von Geflügel, Wildpret, Fischen, Auflaufen, Puddings ꝛc.

In den Zwischenzeiten werden bei allen Kostarten Erfrischungen oder Brod gegeben. Mit der Kost der ersten Verpflegungsklasse und der Pensionäre ist Wein und Nachmittags Kaffee verbunden, wenn nicht die Aerzte anders vorschreiben; mit den anderen Kostarten ist beim Mittagstisch Wein und Kaffee nur auf ausdrückliche Verordnung verbunden.

§ 134.

Wo der Zustand der Kranken besondere diätetische Anordnungen erheischt, werden sie durch die Aerzte erlassen.

§ 135.

Außer dem Brod, welches den Kranken für die Zwischenzeit gegeben wird, erhalten die Pensionäre und die Kranken der ersten Klasse, wo ein solches nicht durch ärztliche Anordnung untersagt wird, Erfrischungen, bestehend in frischem und eingemachtem Obst, Butter, Milch, Kaffee, Chokolade, Bier, Wein u. dergl.

Auch den Kranken der zweiten und dritten Klasse können solche Erfrischungen auf besondere ärztliche Anordnungen oder bei besonderen Gelegenheiten gereicht werden.

Statistische Uebersicht

über

den Aufwand für den Neubau, die bauliche Unterhaltung und die innere Einrichtung, so wie über die finanziellen Zustände der Anstalt.

1. Neubau und Bauunterhaltung.

Der in den Jahren 1836 bis 1842 ausgeführte Neubau der Anstalt hat im Ganzen einen Aufwand von . 537,366 fl. 47 kr. erfordert, welcher sich auf folgende Unterabtheilungen vertheilt und zwar

für Erwerbung des Bodens . . . . 22,229 fl. 20 kr.
für die Wasserleitung nebst Dampfapparat . 15,837 fl. 43 kr.
für Entwässerung . . . . 11,876 fl. — kr.
für Aufführung sämmtlicher Gebäude:
   a. Maurerarbeit . . . 258,604 fl. 19 kr.
   b. Steinhauerarbeit . 34,934 fl. 34 kr.
   c. Zimmerarbeit . . . 51,544 fl. 20 kr.
   d. Schreinerarbeit . . 37,644 fl. 47 kr.
   e. Schlosserarbeit . . 16,748 fl. 36 kr.

Uebertrag . 399,476 fl. 36 kr.

Uebertrag	399,476 fl. 36 kr.	
f. Blechnerarbeit	6,682 fl. 1 kr.	
g. Glaserarbeit	13,049 fl. 46 kr.	
h. Tüncherarbeit	7,051 fl. 16 kr.	
i. Tapezier- und Malerarbeit	900 fl. 4 kr.	
k. Hafnerarbeit	1,512 fl. 22 kr.	
l. Schieferdeckerarbeit	69 fl. 40 kr.	
m. wegen Einrichtung der Luftheizung in den Zellen	2,945 fl. 52 kr.	
n. wegen Auffüllung der Höfe	3,382 fl. 10 kr.	
o. Sonstige Baukosten (Vorbereitungskosten, Kosten für Baugeräthe, Gerüstmaterialien ꝛc.	8,344 fl. 3 kr.	
		443,413 fl. 50 kr.
für Garten- und Weganlagen		19,058 fl. 51 kr.
für Bauaufsicht		18,398 fl. 8 kr.
für die Kassen- und Rechnungsführung		2,132 fl. 3 kr.
für sonstige Ausgaben		4,420 fl. 52 kr.

Außer diesem erstmaligen Aufwand wurden vom Jahr 1844 bis 1861 weitere . . . . 59,391 fl. 10 kr. für Ergänzungsbauten verausgabt.

Hierunter sind nebst vielen kleinen Ausgaben folgende größere enthalten:

im Jahr 1844

für Nacharbeiten an einzelnen Gebäuden . 5,369 fl. 51 kr.
für Ankauf von Gütern . . . . 4,014 fl. 13 kr.

im Jahr 1845
für Erbauung einer Holzremise . . . 3,983 fl. 58 kr.
im Jahr 1851
für Herstellung einer Saug- und Druckmaschine und weiterer
Reservoirs zur Wasserleitung . . . 15,562 fl. 55 kr.
im Jahr 1856
für den Bau eines neuen Gewächshauses . 1,550 fl. 54 kr.
im Jahr 1857
für Herstellung eines neuen Pumpwerkes . 1,500 fl. — kr.
im Jahr 1858
für Anlage eines eigenen Friedhofes . . . 1,327 fl. 54 kr.
im Jahr 1859
für Aufstellung eines dritten Dampfkessels . 1,600 fl. — kr.
im Jahr 1861
für die Einrichtung einer neuen Waschanstalt 524 fl. 3 kr.

Für die Unterhaltung der Gebäude sind vom Jahr 1844 bis einschließlich 1861 . . . . 69,045 fl. 2 kr. verwendet worden, davon fallen in die Periode

1844 bis 1848 jährlich durchschnittlich . . 2,677 fl. 9 kr.
1849 bis 1853   „   „   . 3,363 fl. 39 kr.
1854 bis 1858   „   „   . . 4,098 fl. 35 kr.
1859 bis 1861   „   „   . . 6,116 fl. 2 kr.

2. Innere Einrichtung.

Die Kosten für die erstmalige innere Einrichtung, zu welcher außerdem das Mobiliar der Heidelberger Anstalt, soweit es noch brauchbar, verwendet wurde, belaufen sich im Ganzen auf 42,062 fl. 37 kr.

3. Finanzielle Zustände.

a. Unterhaltungsaufwand:

Für die laufende Unterhaltung der Anstalt sind in den Jahren 1842 bis 1861 verausgabt worden und zwar:

| 3 m |
| 1851. |

t t l i ch e

| 409 Köpfe. |

fl.	kr.
2975	12
43525	22
6765	—
5553	48
3582	54
2131	48
4497	37
2716	49
2451	42
918	13
303	23
9204	53
2754	24
17863	52
407	57

b. **Mittel zur Unterhaltung.**

Die Mittel zur Unterhaltung der Anstalt bestehen zunächst in den Beiträgen, welche aus dem Einkommen der Kranken oder von Unterhaltungspflichtigen geleistet werden.

Was hiedurch und durch einige Einnahmen, welche die Anstalt aus Miethzinsen von Beamtenwohnungen, Erlös für Gartengewächse, abgängige Materialien u. d. m. bezieht, nicht gedeckt ist, wird aus der Staatskasse zugeschossen.

Die Einnahmen betrugen in den Jahren 1842 bis 1861 und zwar:

Im Jahr	Durchschnittliche Zahl der Kranken	Beiträge zu den Unterhaltungskosten, welche von Pfleglingen oder Unterhaltungspflichtigen (Gemeinden) erhoben werden		Einnahmen an Miethzinsen, aus Gartengewächsen, Inventarstücken und Materialien		Zuschüsse aus der Staatskasse	
		im Ganzen	auf den Kopf	im Ganzen	auf den Kopf	im Ganzen	auf den Kopf
		fl. kr.	fl. kr.	fl. kr.	fl. kr.	fl. kr.	fl. kr.
1842	255	12328 14	48 21	4082 26	16 1	47024 35	184 25
1843	347	16139 44	46 31	4464 46	12 52	75955 3	218 53
1844	374	43892 39	117 22	3714 59	9 56	63025 5	168 31
1845	390	46195 9	118 27	4314 44	11 4	67335 39	172 39
1846	414	56442 19	136 20	8041 15	19 25	59965 28	144 51
1847	420	56626 47	134 50	9921 9	23 37	58053 37	138 13
1848	436	56596 4	129 48	10580 37	24 16	46877 17	107 31
1849	424	60941 2	143 44	9843 52	23 13	37205 55	87 45
1850	403	53981 41	133 57	10852 5	26 56	50432 21	125 9
1851	409	60403 2	147 41	10581 47	25 52	38518 23	69 44
1852	424	75457 24	177 58	9787 16	23 5	37600 35	88 41
1853	447	82919 39	185 30	10184 21	22 47	38052 49	85 8
1854	441	84690 3	192 4	10589 1	24 1	45692 59	103 37
1855	432	87432 30	202 23	9724 7	22 31	34212 58	79 12
1856	446	87071 32	195 14	9913 56	22 14	49053 21	109 59
1857	449	87714 44	195 21	10138 18	22 35	53657 50	119 30
1858	449	93216 46	207 37	10732 18	23 54	49889 11	111 7
1859	452	102607 34	227 —	10803 36	23 54	36516 23	80 47
1860	463	103408 51	223 21	11430 18	24 41	45175 54	97 34
1861	447	107196 41	239 41	11066 49	24 45	51094 50	114 18

Außer den nach vorseitiger Darstellung zur Bestreitung der laufenden Ausgaben gegebenen Staats-Zuschüssen wurden in den Jahren 1844 bis 1861 für außerordentliche Ausgaben im Ganzen 41,722 fl. 53 kr. aus der Staatskasse zugeschossen, wovon 34,429 fl. 42 kr. zu größeren baulichen Herstellungen und die weiteren 7293 fl. 11 kr. für die innere Einrichtung verwendet wurden.

Ueber die Beiträge zu den Unterhaltungskosten der Kranken gibt die nachstehende Nachweisung näheren Aufschluß:

www.ingramcontent.com/pod-product-compliance
Lightning Source LLC
Chambersburg PA
CBHW030331170426
43202CB00010B/1091